내 삶에 예술을 들일 때, 니체

일러두기

1. 이 저서는 서울대학교 '인문·사회계열 학문전공교원 해외연수 지원 사업'의 후원을 받아 수행된 연구 결과물이다.

2. [ ]는 인용문에서 독자의 이해를 돕기 위해서 저자가 삽입한 주다.

내 삶에 예술을 들일 때, 니체

서가명강 32

허무의 늪에서 삶의 자극제를 찾는
철학 수업

박찬국 지음

서울대학교
철학과 교수

21세기북스

자연과학
自然科學, **Natural Science**

과학, 수학, 화학, 물리학,
생물학, 천문학, 공학, 의학

사회과학
社會科學, **Social Science**

경영학, 심리학, 법학, 정치학,
외교학, 경제학, 사회학

예술
藝術, **Arts**

음악, 미술, 무용

철학
哲學, **Philosophy**

인문학
人文學, **Humanities**

언어학, 역사학, 종교학,
문학, 고고학, 미학, 철학

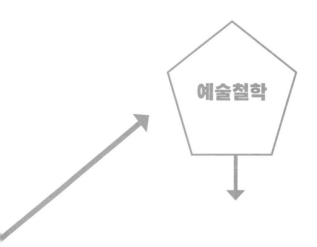

예술철학

예술철학이란?

예술철학은 예술을 대상으로 한 철학으로 해석, 표현 그리고 형식 같은 개념을 포함하여 예술의 본질에 관해 연구하는 학문이다. 예술이 어떻게 인간의 경험과 인간성에 영향을 미치는지, 그리고 예술 작품이 어떻게 인간의 감정, 인식, 사고 등을 형성하는지에 대해 질문하고, 이를 통해 예술이 우리에게 미치는 영향과 예술 경험의 의미를 이해하고자 한다. 예술 작품을 평가하는 예술 비평과 구분되며, 아름다움과 취향에 대한 철학적 연구인 미학과 밀접한 관련이 있다.

이 책을 읽기 전에 **주요 키워드**

비극의 탄생

니체의 첫 번째 저술로 니체 나이 불과 28세였던 1872년에 출간되었다. 이 책
에는 청년 니체의 천재적인 면모가 유감없이 드러나 있다. 니체는 이 책에서
그리스 비극의 기원과 본질을 탐색하는 방식으로 그리스 예술의 역사, 인간과
세계 그리고 예술의 본질을 탐구한다. 아울러 현대문명의 병폐를 진단하고 이
를 극복할 수 있는 길을 모색한다. 따라서 패기로 가득 찬 청년 니체가 자신의
예술철학뿐 아니라 독자적인 인간학과 형이상학을 전개하는 동시에 현대문명
을 비판하는 책이라고 할 수 있다.

아폴론적 예술

건축, 미술, 조각, 서사시처럼 사물을 조용히 관조하게 하는 조형예술을 가
리킨다. '아폴론적인 것'은 태양과 같은 밝음, 이러한 밝음 아래서 모든 사물
이 드러내는 균형, 절도, 질서, 명료한 형태 그리고 국가의 도덕이나 법률, 아
름다운 가상(假像) 및 아름다운 가상을 형성하는 예술적 능력을 상징한다.

디오니소스적 예술

서정시, 음악, 춤과 같이 감정에 직접적으로 호소하면서 우리를 도취에 빠
지게 하는 비조형 예술을 가리킨다. '디오니소스적인 것'은 만물이 하나가
되는 황홀경, 건설과 파괴를 거듭하면서 놀이하는 세계의 충일한 생명력을
상징한다.

도취

『비극의 탄생』에서 도취는 개체가 자신의 개체성을 망각하고 세계의지와
하나가 되는 합일의 느낌을 가리킨다면, 후기 니체에서는 힘이 상승하고
고양되는 느낌을 가리킨다. 이러한 도취는 단순히 심리적 상태만이 아니
고, 신체 전체가 느끼는 '쾌감'의 상태다. 도취를 경험할 때 우리의 혈관과
신경과 근육이 흥분하고 일깨워지면서 심리적인 차원에서는 황홀경을 경
험하게 된다.

영원 회귀 사상

니체는 삶에 대한 최고 긍정의 형식으로 영원 회귀 사상을 창안했다. 이것은 그리스도교나 마르크스주의와 같은 목적론적인 세계관과 가장 대립하는 세계관이다. 그리스도교나 마르크스주의는 자연과 인간의 역사가 최후의 심판이나 공산주의와 같은 미래의 궁극적인 목적을 향해서 나아간다고 주장한다. 이에 반해 니체는 모든 것이 아무런 목적도 의미도 없이 끊임없이 반복된다고 말한다. 우리가 경험하는 모든 고통이나 악도 끊임없이 되돌아온다는 사실은 힘이 약한 자를 절망에 빠뜨리지만, 힘이 강한 자는 그러한 사실을 흔쾌하게 받아들인다. 그리고 이렇게 영원 회귀를 흔쾌하게 긍정할 때, 힘이 약한 자에게는 악이나 고통으로 여겨지는 것조차도 숭고한 의미를 갖게 된다.

개별화의 원리

시간과 공간을 가리킨다. 우리가 사는 세계는 모든 것이 시간과 공간을 통해서 구획되어 있다. 동일한 시공간 속에 존재하는 것은 오직 하나뿐이다. 어떤 사람이 나와 동일한 시간과 공간 속에 존재한다면 그 사람은 나와 동일한 사람이다. 이 점에서 시간과 공간은 모든 것을 서로 구별되는 개체들로 나타나게 하는 원리다.

세계의지

시간과 공간 속에서 나타나는 개체들의 배후에 존재하는 통일적인 우주적 생명력을 가리킨다. 개체들은 하나의 통일적인 세계의지에서 비롯된 것이기에 서로 투쟁하고 갈등하면서도 조화를 이룬다.

니힐리즘

모든 것이 아무런 목적도 의미도 없이 생성되고 소멸할 뿐이라고 보는 사상이다. 이는 결국 허망한 죽음으로 귀착되는 삶에 대한 염세주의와도 연결된다.

차례

1부 인생의 허무를 어떻게 극복할 것인가

2부 예술은 위대한 삶의 자극제다

"비극은 세계 내의 그 모든 고통과 고난에도 불구하고 생을 유희하듯이 살라고 말한다. 진정으로 강한 사람은 이 세계를 긍정하면서 춤추듯 살아간다."

인생을 춤추고 노래하듯이 살 수 있을까

이 책은 일차적으로 니체의 『비극의 탄생』을 토대로, 예술과 인간 그리고 세계의 본질에 대한 니체의 사상을 이해하려는 시도다. 그러나 단지 니체의 사상을 이해하는 것에 그치지 않고 여러분을 철학의 세계로 끌어들이고자 한다.

니체는 서양철학자 중에서 가장 큰 관심과 애정을 받고 있는 철학자다. 사회주의를 표방하는 오늘날의 중국에서조차도 니체는 젊은이들 사이에서 인기를 구가하고 있다고 한다.

니체가 죽은 지 이미 100년이 훌쩍 넘었는데도 왜 오늘날의 숱한 철학자들을 제치고 엄청난 관심을 끌고 있는 것일까? 그것은 니체가 우리의 통상적인 가치관을 뒤집는 새로운 가치관을 제시하고 있기 때문이라고 여겨진다.

니체는 선과 악이라는 대립 구도를 갖는 전통적인 가치관 대신에 강함과 약함이라는 대립 구도를 갖는 새로운 가치관을 내세우고 있다. 니체는 선하고 착한 인간이 아니라 강한 인간이 되라고 외치는 것이다.

그런데 강함이란 무엇일까? 요새 문제 되는 학교폭력에서 보듯 자신보다 약한 자들을 괴롭히고 직장에서 자신보다 불리한 지위에 있는 사람들에게 갑질을 하는 것이 니체가 말하는 강함인가?

니체가 말하는 강함은 흔히 그렇게 오해받았다. 이에 따라 니체는 마르크스주의자들 사이에서는 노동자들에 대한 자본가들의 착취와 제국주의를 정당화하는 반동 철학으로 간주되었다. 과연 니체의 철학이 그와 같은 것이라면 마르크스주의자들이 주장하는 것처럼 니체의 철학은 마땅히 폐기되어야 할 것이다.

그러나 자신보다 약하고 불리한 위치에 있는 자들에 군림하는 강함을 니체는 강함이라고 부르지 않고 비겁함이라고 부른다. 그들은 만만한 사람들을 괴롭히는 방식으로 우월감을 느끼려고 하는 못난 자들이다.

따라서 니체가 말하는 강한 자는 권력을 가진 자들이 아니다. 니체는 오히려 비열하고 위선적인 자들이 권력을 쥔 경우가 많다고 본다.

이들 중 니체가 특히 경멸하고 경계하는 자들은 첫째로 자신들을 신을 대리하는 선한 자들로 자처하면서 자신들의 교리와 조직에 복종하지 않으면 지옥에 떨어진다고 대중을 협박하는 기독교 성직자들이다.

그리고 둘째로 정의와 평등을 내세우지만 사실은 사회적으로 성공한 자들에 대한 대중의 원한과 시기심에 호소하면서 대중을 선동하여 권력을 잡고 새로운 지배 계급으로 군림하는 사회주의자들이다.

니체에 따르면, 이들은 선과 정의의 사도로 자처하면서 자신들의 적을 사탄의 무리나 악의 무리로 간주하지만, 사실은 권력욕에 불타는 위선적인 자들이다.

니체가 생각하는 진정으로 강한 자들은 자신보다 동등하거나 이왕이면 자신보다 더 강한 자들과 겨루려는 자들이고, 자신들의 적이 훌륭한 적수라면 기꺼이 존경을 표할 줄 아는 자들이다. 또한 그들은 무엇보다도 자신에 대해서 엄격한 자들이고, 고난이나 고통을 자신의 성장과 발전의 계기로 삼을 수 있는 자들이다. 니체 자신의 말을 빌리면 그들은 "우리를 죽이지 않는 것은 우리를 강하게 만든다"라고 말하는 자들이다.

따라서 진정으로 강한 자들은 아무것도 두려워하지 않고 경쟁과 고통 그리고 고난이 사라지지 않는 이 세계를 그대로 긍정하면서 이 세계에서 춤추듯 유희하면서 살아가는 자들이다. 진정으로 강한 자들은 기독교가 그리는 천국이나 마르크스주의자들이 말하는 공산주의 사회처럼 경쟁이나 고통 그리고 고난이 사라진 세계를 꿈꾸지 않는다. 그들은 이러한 세계는 허약하고 지친 자들이 만들어낸 신기루에 불과하다고 본다.

니체에 대해서는 다양한 해석이 존재하지만 나는 이상에서 말한 것이 니체가 말하는 핵심 사상이라고 생각한다. 이러한 사상은 니체의 첫 번째 저작인 『비극의 탄생』에서부터 마지막 저작인 『안티크리스트』까지 관통하고 있다.

물론 이러한 핵심 사상은 『비극의 탄생』에서는 아직 분명하지 않은 형태로 나타나고 있다. 그럼에도 『비극의 탄생』은 이러한 핵심 사상을 중심으로 하여 니체 특유의 예술철학을 전개하고 있다. 니체는 진정한 예술은 인간을 강건剛健하게 만드는 예술이라고 보는 것이다.

니체의 이러한 예술철학은 일찍이 존재하지 않았던 새로운 것이다. 바로 이것이 니체가 자신의 예술철학을 본격적으로 전개했던 첫 번째 저작인 『비극의 탄생』이 오늘날에도 지대한 의미를 갖는 이유다.

그런데 『비극의 탄생』은 이해하기 쉬운 책은 아니다. 니체의 책이 다 그렇지만 이 책을 이해하기 위해서는 니체의 사상은 물론이고 당시의 니체에게 가장 큰 영향을 미쳤던 쇼펜하우어의 사상을 비롯하여 서양철학사 전반을 어느 정도 이해할 필요가 있다.

따라서 이 책에서는 『비극의 탄생』에서 니체가 전개한 예술과 인간 그리고 세계에 대한 사상을 철학에 문외한인 사람도 이해하기 쉽게 풀어내고자 한다.

『비극의 탄생』은 예술철학 분야에서 아리스토텔레스의 『시학』과 칸트의 『판단력 비판』과 함께 세계적인 고전의 반열에 오른 책이다. 이렇게 높이 평가되는 책을 니체는 불과 28세의 나이에 썼다. 고작 28세에 쓴 책이 얼마나 깊이

있겠느냐고 생각할지 모르겠다. 그러나 이 책은 수많은 독서와 독자적인 사색에서 비롯된 니체의 심원한 사상을 담고 있다.

우리는 이 책에서 근대인들이 직면한 삶의 위기를 극복하기 위해 고뇌하는 니체의 모습을 떠올릴 수 있다. 니체는 28세의 나이에 이미 전통 철학과 그리스도교 그리고 기존의 예술이 인간의 건강한 생명력을 갉아먹는다고 비판하면서 예술과 삶의 새로운 방향을 정립하려고 고투苦鬪했다. 니체가 미치기 전까지는 극소수만이 관심을 가졌던 외로운 투쟁이었다.

외로웠던 니체는 이제 동서양을 막론하고 사람들로부터 가장 많은 관심을 받는 철학자가 되었다. 그리고 『비극의 탄생』 역시 이제는 철학사에서 빼놓을 수 없는 책이 되었다.

『비극의 탄생』은 야심만만하고 패기만만했던 청년 니체가 자신의 독창적인 사상을 전개하는 책이다. 그러나 철학사의 여느 고전이 그렇듯, 이 책도 어느 누구의 영향도 없이 니체만의 독자적인 사색에서 생겨난 것은 아니다. 『비극의 탄생』의 철학적 골격을 형성하는 것은 쇼펜하우어의 사상이다. 다른 모든 것과 마찬가지로 아무리 독자적인 철학이라도 전통 속에서 생겨난다. 물론 그것은 전통과의 대결을 통해 새로운 사상을 개척해나가지만, 그 과정에서 전통으로부터 큰 영향을 받게 된다.

아리스토텔레스가 플라톤의 영향을 받았듯, 니체 역시 대표적인 염세주의 철학자인 쇼펜하우어의 지대한 영향을 받았다.『비극의 탄생』에서 니체는 자신의 철학이 쇼펜하우어의 철학과 본질적으로 동일한 것처럼 서술하고 있을 정도다.

그러나 니체가 쇼펜하우어의 사상을 단순히 답습한 것은 아니다. 니체는 쇼펜하우어의 사상을 수용하면서도, 그것과 대결하면서 독자적인 사상을 전개한다.

물론 니체는『비극의 탄생』에서 쇼펜하우어와의 대결의식을 분명히 드러내고 있지는 않다. 니체가 쇼펜하우어를 철학적 적수로 간주하면서 쇼펜하우어를 노골적으로 비판하는 것은 나중의 일이다.

『비극의 탄생』초판 출간 후 14년 만에 나온 신판에 부친「자기비판의 서문」에서, 니체는『비극의 탄생』을 쓸 때 쇼펜하우어의 사유 도식에 사로잡혀 자신이 원래 말하고 싶었던 것을 제대로 표현하지 못했다고 토로했다.

그럼에도 불구하고 우리는『비극의 탄생』에서 쇼펜하우어와의 차이를 충분히 감지할 수 있다. 따라서 니체는 말년에 쓴 자전적인『이 사람을 보라』에서『비극의 탄생』에서 자신이 개진한 사상은 쇼펜하우어의 사상과 다를 뿐 아니라, 심지어 그것에 적대적이라고 했다.

본문에서 살펴보겠지만, 니체의 사유 도정을 규정한 근본적인 문제의식은 서양의 전통 형이상학과 그리스도교의 붕괴 이후 근대인들이 직면한 니힐리즘과 염세주의였다.

『비극의 탄생』역시 니힐리즘과 염세주의를 인간을 강건하게 만드는 예술을 통해 극복하려는 시도다. 니체는 이미『비극의 탄생』에서부터 대표적인 염세주의 철학자인 쇼펜하우어와 대결하면서 자신의 철학을 개척한 것이다.

이 책에서는 니힐리즘과 염세주의의 극복이라는 문제의식에 초점을 맞추어 니체의 사상을 쇼펜하우어와 비교하면서 소개할 것이다. 어떤 철학자의 사상적인 특성은 다른 철학자의 사상과 비교할 때 가장 분명하게 드러나기 때문이다.

　끝으로 이 책을 아름답게 만들어주신 서가명강 팀원들께 깊은 감사를 드린다.

2023년 8월

박찬국

1부

인생의
허무를

어떻게

극복할
것인가

니체는 우리가 디오니소스의 충만한 생명력과 하나 될 것을 요구한다. 춤추는 신인 디오니소스처럼 그 모든 고통과 고난에도 이 세계를 긍정하면서 유희하듯이 살라는 것이다. 그리고 니체는 예술이야말로 우리 내면에 잠재한 충만한 생명력을 불러일으키는 것으로 보았다.

가장 불행한 존재인
인간과『비극의 탄생』

예술을 실마리 삼아 인간과 세계를 탐구하다

칸트가 말했듯 철학의 모든 물음은 결국 '인간이란 무엇인가'라는 물음으로 귀착된다. 우리는 우리 자신이 인간이기에 인간에 대해 잘 알고 있다고 생각한다. 그러나 '가장 가까운 것이 가장 멀리 있는 것이다'라는 말이 있다. 가장 가까이 있기에 잘 알고 있다고 생각하지만, 막상 그게 뭔지 파악하기란 너무나도 어렵다는 말이다.

인간이란 어떤 존재인지 말해보라고 한다면 누구든 답하기가 쉽지 않을 것이다. 철학을 공부하지 않은 보통 사람뿐 아니라 철학자들도 마찬가지다. 그래서 철학에서도 인간이 어떤 존재인지에 대해 다양한 학설이 존재한다. 이런 학설들은 심지어 서로 모순될 정도로 대립하기도 한다. 예를 들어, 인간은 다른 동물과 본질적으로 다르지 않다는 학설도 있는 반면, 동물과 본질적으로 다르다는 학설도 존재한다. 인간은 육체로 환원될 수 없는 정신을 갖는다는 학설도 있지만, 정신은 존재하지 않고 사실은 육체만 있을 뿐이라는 학설도 있다.

『비극의 탄생』을 썼을 당시의 니체는 고전문헌학 교수였다. 고전문헌학은 호메로스의 작품들이나 그리스 비극 같은 그리스와 로마의 고전적인 문헌을 연구하는 학문이다. 『비극의 탄생』은 제목만 봐서는 그리스 비극의 기원을 탐구하는 고전문헌학적인 저서처럼 보인다. 그러나 니체는 이 책에서 고전문헌학적인 탐구를 넘어서 예술과 인간 그리고 세계에 대한 독자적인 철학을 보여준다.

『비극의 탄생』은 그리스 비극을 비롯한 모든 예술의 기원과 본질을 탐구하면서 인간이라는 존재를 탐구한다. 물론 인간이 어떤 존재인지를 탐구하기 위해 반드시 예술을 실마리로 삼을 필요는 없다. 종교를 실마리로 삼을 수도 있을 것이다. 신을 믿고 섬기는 예식을 행하는 것은 인간에게서만 볼 수 있는 현상이기 때문이다. 그러나 니체는

프리드리히 니체(1844~1900)

종교를 실마리로 삼지 않았다. 그리스도교처럼 인격신을 믿는 종교가 근대 과학의 발달과 함께 설득력을 상실했기 때문이다. 니체는 종교가 더 이상 사람들에게 삶의 의미와 방향을 제시해줄 수 없다고 느끼고, 예술에서 구원을 찾고 자 했다.

『비극의 탄생』은 예술을 실마리로 인간과 삶의 방향과 의미를 탐구하려는 시도인 동시에 세계에 대한 탐구이기 도 하다. 하이데거가 말했듯 인간은 '세계-내-존재'다. 이 것은 어떤 사물이 어떤 공간에 존재하는 것처럼 인간이 세 계 안에 존재한다는 의미는 아니다. 인간은 세계에 던져진 채로 세계에 순응하거나 그것과 투쟁하거나 그것을 변화 시키는 방식으로 살아간다. 인간의 삶은 세계 속에서 이루 어지는 것이다.

따라서 인간에 대한 분석은 필연적으로 인간이 사는 세 계에 대한 분석이 된다. 세계는 인간이 생각할 수 있는 가 장 큰 전체다. 이러한 전체의 기원과 구조를 탐구하는 철학 분야가 '형이상학'이다.

요컨대 니체의 『비극의 탄생』은 예술의 본질을 탐구하 는 예술철학이면서, 인간의 본질을 탐구하는 철학적 인간학이며, 세계 전체의 기원과 구조에 대해 탐구하는 형이상학이기도 하다.

누구보다 삶을 사랑했던 철학자의 불멸의 고전

『비극의 탄생』은 고전문헌학적인 책이 아니라 철학서다. 따라서 『비극의 탄생』에서는 고전문헌학자보다 철학자의 이름이 더 많이 언급된다. 이런 책이 고전에 대한 엄밀한 탐구를 요구하는 고전문헌학계에서 환영받았을 리 없다. "이런 책을 쓴 사람은 누구든지 간에 학자로서 끝장이 난 셈이다"라는 식의 혹평이 당시 고전문헌학계의 중론이었고, 고전문헌학계에서 니체의 명성은 바닥까지 추락했다. 학생들까지 니체의 강의를 기피했다.

니체는 24세의 나이에 스위스 바젤대학교의 교수가 되었다. 20대의 나이에 교수가 되는 것은 지금도 그렇지만 당시 유럽에서도 파격적인 사건이었다. 니체의 어머니는 20대에 남편을 잃고 니체만 바라보며 살았다. 그런 어머니가 이 소식을 듣고 얼마나 기뻐했을지 상상할 수 있다.

박사학위도 받지 않은 상태에서 니체가 교수가 될 수 있었던 것은 니체의 대학 시절 고전문헌학 스승인 알브레히트 리츨 덕분이었다. 당시 유럽 최고의 고전문헌학자로 인정받던 리츨은 니체를 바젤 대학 교수로 적극 추천했다. 리츨은 추천서에서 니체를 천재라고 극찬했다.

이렇게 니체에게 큰 기대를 걸었던 리츨마저 『비극의 탄생』을 읽고서는 그것을 '흥에 겨운 술주정'으로 평할 정도로 실망을 금할 수 없었다. 니체 본인도 당시 고전문헌학계의 학문 분위기를 잘 알고 있었을 것이다. 다시 말해 그역시 자신의 책이 당시의 고전문헌학계에서는 지극히 도발적이라는 사실을 잘 알고 있었을 것이다. 그런데도 왜 그런 책을 썼던 것일까?

사실 고전문헌학 교수가 되기 전부터 니체의 마음은 이미 고전문헌학을 떠나 있었다. 니체는 고전문헌학자들을 생생한 삶과 세계에 등을 돌리고 고전의 자구字句만 파고드는 두더지 같은 자들이라고 보았다. 니체는 당시의 고전 문헌학이 고전에 담긴 위대한 정신을 드러내지 못하고 고전의 자구 해석에만 매달림으로써 생명이 없는 학문이 되었다고 보았다.

니체는 그리스·로마의 고전문헌들을 철저하게 파헤치는 것만으로는 인간과 세계에 대해 참된 이해에 도달할 수 없거니와, 인간의 삶에 아무런 방향과 의미도 부여할 수 없다고 보았다. 그래서 고전문헌학 대신 철학을 연구하고 가르치고 싶다는 청원을 대학에 제출했지만 거부당했다.

니체는 『비극의 탄생』에서 자신의 철학을 전개하고 싶었다. 니체에게 철학은 단순히 인간과 세계에 대한 이론적인 탐구에 그치지 않고, 인간의 변혁을 초래하는 것이어야 했다. 따라서 『비극의 탄생』은 궁극적으로는 그리스 비극에 담긴 충일한 생명력을 회복하는 것을 목표로 하고 있다.

니체가 보기에, 19세기의 훈고학적인 고전문헌학은 문헌의 발굴과 정리 등에서는 많은 성과를 올렸을지 모르지만, 그리스 정신의 본질은 전혀 파악하지 못하고 있었다. 그것은 그리스 정신을 역사학적으로 탐구할 하나의 대상으로만 볼 뿐, 근대 유럽인들의 정신적인 기원이자 근대의 유럽인들이 창조적으로 계승해야 할 정신으로는 보지 않았다. 단적으로 말해 당시의 고전문헌학은 엄밀함과 치밀함을 자랑했지만, 그것에는 건강한 생명력과 위대한 정신이 결여되어 있었다.

무엇보다 니체는 '위대한 정신만이 위대한 정신을 알아본다'고 여겼다. 당시의 고전문헌학자들은 고전에 담긴 정신의 높이와 깊이에 도달하지 못했기 때문에 고전에 담긴 위대한 사상을 보잘것없는 것으로 만들 뿐이었다.

니체에게는 인간의 의지나 삶과 분리되어 순수한 이성만으로 행해지는, 이른바 '객관적인 학문'은 존재하지 않는다. 이성은 우리의 의지에 종속되어 있으므로, 의지의 성격에 따라, 다시 말해 병약한 의지냐 강한 의지냐에 따라 학문의 성격이 달라진다. 삶에 이바지하지 않는 '학문을 위한 학문'이나 '예술을 위한 예술'은 학문이나 예술이라는 고상한 이름으로 현실에서 도피하는 것일 뿐이다.

병약한 의지에서 비롯된 학문은 아무리 정교한 외관을 자랑하더라도 우리를 병들게 만든다. 이에 반해 강한 의지에서 비롯된 학문은 외관상으로는 조잡하더라도 우리를 강하고 심원한 존재로 만든다.

따라서 니체는 『비극의 탄생』에서도 명시적이지는 않지만, 삶의 강화와 심화라는 관점에서 그리스 비극을 고찰한다. 그는 '그리스 비극이 어떤 점에서 우리의 삶을 강화하고 심화하는가'라고 묻는다.

니체는 철학 역시 새로운 가치와 진리를 제시한다는 원대한 목표를 상실한 채 고전적인 철학 문헌을 분석하거나 주석을 달고 있을 뿐이라고 보았다. 1867년 가을, 니체는 더는 다른 사람들의 작품을 요약하거나 그것에 주석을 달지 않겠다고 다짐하면서, 비록 문헌학자일지라도 창조적인 학자가 되겠다고 결심했다.

이러한 결심에 따라 니체는 『비극의 탄생』에서 전통적인 고전문헌학의 학풍에서 이탈하여 독자적인 철학을 전개했다. 이러한 이탈을 당대의 고전문헌학계에서는 용인할 수 없었고, 『비극의 탄생』에는 엄청난 혹평이 쏟아졌다.

그러나 혹평이 무색하게 『비극의 탄생』은 20세기 이래로 예술철학의 고전으로 자리 잡았다. 불과 28세에 쓴 책이 세계적인 고전으로 인정받았으니, 니체를 천재라고 불러도 이상할 게 없다.

그럼 이제부터 예술과 인간 그리고 세계에 대해 28세의 청년이 전개한 통찰을 살펴보자. 청년다운 과감한 상상력과 패기 그리고 발랄한 재기를 느낄 수 있을 것이다.

왜 삶은 고통과 갈등으로
가득 차 있는가

근대 세계와 청년 니체의 문제의식

다른 모든 위대한 철학서처럼 『비극의 탄생』 역시 심각하고 중대한 문제라고 생각하는 것을 해결하려는 문제의식에서 태어났다. 따라서 『비극의 탄생』을 이해하기 위해서는 이 책 전체를 관통하고 있는 문제의식을 먼저 분명히 이해하는 것이 필요하다.

음악을 들으면서 황홀경을 맛보거나, 심지어 눈물을 흘린 적이 있지 않은가. 혹은 너무 흔해서 별 관심도 갖지 않던 단순한 사물이었는데, 그것을 너무나도 아름답게 그린 그림을 보고 감탄한 적이 있지 않은가. 더 나아가 어떤 사람들은 예술을 통해 과거의 상처나 우울증을 극복하기도 한다. 예술이 갖는 이러한 힘은 어디서 비롯되는가?

서양철학에서는 인간을 '이성적 동물'이라고 정의했다. 오늘날 우리는 과학과 과학을 응용하는 기술이야말로 인간의 이성적 능력을 대표하는 것이라고 본다. 그러나 니체는 인간을 과학적인 인식을 추구하고 사물을 기술적으로 이용하는 동물이기 이전에, 세계와 사물을 예술적으로 경험할 수 있는 동물이라고 보았다.

니체는 인간은 과학과 과학적인 지식으로 만들어낸 물질적 풍요만으로는 살 수 없다고 보았다. 과학이 드러내는 세계는 그 안의 모든 것이 아무런 의미도 목적도 없이 인과법칙에 따라서 생성되고 소멸하는 세계다. 이러한 세계는 수학적으로 계산이 가능한 원자들과 화학 기호로 표현할 수 있는 원소들로 이루어져 있다. 오늘날 우리는 과학만이 진리를 인식할 수 있다고 믿기 때문에, 과학에 의해 드러난 세계야말로 참된 세계라고 믿는다. 그리고 우리가 일상적으로 지각하는 세계는 감각에 의해 왜곡되어 나타난 세계라고 생각한다.

그러나 과학자들마저도 일상적인 삶에서 자신의 어머니나 연인을 원자들의 덩어리나 화학원소로 환원될 수 있는 세포들의 집합에 불과하다고 보지는 않는다. 그들은 원자들이나 화학물질로 환원될 수 없는 혼과 몸을 가진 고귀한 인격체다. 우리는 원자나 화학물질에게서는 사랑받는다고 느끼지 못하며, 그것들에 대해 사랑을 느끼지도 않는다.

따라서 니체는, 우리 인간은 과학이 제시하는 황량한 세계에서 살 수 없다고 보았다. 현대의 과학에서 산山은 광물 에너지를 저장한 곳으로 나타나고, 강江은 수력 에너지의 저장원으로 나타난다. 그러나 우리의 일상적인 삶에서 산은 그 이상의 것이다. 우리는 산의 장중한 모습을 보고 숙연해지기도 하고, 유장하게 흐르는 강을 보고 형언하기 어려운 감회에 빠지기도 한다. 이때 산과 강은 단순히 물리적인 사물이 아니라 우리가 교감을 나누는 존재다.

인간은 원래 신화적인 세계에서 살았다. 각 민족은 자신들만의 신화를 갖는다. 이러한 신화는 언어와 마찬가지로 창시자가 누군지 알 수 없는데도 사람들의 삶을 철저하게 규정했다. 사람들은 신화의 가르침에 따라서 신들에게 기도하고 제사를 지냈다. 모든 민족의 언어가 저마다의 세계관을 표현하는 것처럼, 민족의 신화도 세계에 대한 독특한 이해를 드러낸다. 원래 민족은 하나의 신화 공동체였으며,

세계에 대한 동일한 이해를 공유했다.

신화가 지배하는 세계에서 모든 것은 표정을 갖는 영적인 존재로 나타났다. 예를 들어 바다의 격렬한 파도는 바다의 신이 항해하는 자들에게 분노하는 것으로 이해되었고, 반대로 잔잔한 바다는 바다의 신이 호의적이라는 것으로 이해되었다. 사람들은 바다에서 갖가지 표정으로 자신을 알리는 영적인 존재를 보았던 것이다. 신화적인 세계에서는 모든 것이 친숙하고 비호하거나, 낯설고 소름 끼치는 표정을 가졌다. 사람들은 모든 것에서 표정을 읽고 그러한 표정에 상응하는 방식으로 행동했다.

오늘날 우리는 그리스 신화나 단군 신화 같은 신화를 허구로 치부한다. 현대인들은 과학을 믿지, 신화를 믿지는 않는다. 물론 오늘날에도 인격신을 숭배하는 종교를 믿는 사람들이 존재한다. 그러나 이들 대다수도 세계는 과학이 파악하는 인과법칙에 따라 움직인다고 생각한다. 따라서 이들도 몸이 아프면 의사를 찾아간다.

이처럼 우리의 삶을 과학과 그에 입각한 기술이 크게 규정하고 있지만 에른스트 카시러와 같은 철학자는 "우리가 신화적으로 사물을 경험하는 방식은 오늘날에도 여전히 세계 경험의 기저층을 형성하고 있다"고 말한다. 이 방식을 카시러는 '표정 체험'이라고 부른다. 인간은 감각하고 감정을 갖는 존재로, 세계를 일차적으로는 표정으로 가득 찬 것으로 경험한다. 우리는 표정이 있는 것을 볼 때 그것이 감정이나 욕망 등을 포함한 혼과 생명을 가졌다고 느낀다. 이처럼 어떤 현상이 혼과 생명을 가졌다고 느끼는 것이 바로 표정 체험이다.

표정 체험이야말로 우리가 세계를 경험하는 일차적인 방식이기 때문에, 우리의 일상 언어에는 표정 체험이 깔려 있다. 예를 들어 '어머니'라는 말을 들을 때 우리는 어머니의 얼굴과 함께 자식에 대한 사랑이나 근심 어린 표정도 함께 떠올리며, '강아지'라는 말을 들으면 꼬리를 흔들면서 반갑게 다가오는 모습을 떠올린다. 이러한 사실은 시어에서 가장 잘 드러난다. 시어에서는 산이나 강을 비롯한 모든 것이 표정을 갖는다.

이에 반해 과학은 사물에서 표정, 혹은 표정이 비롯되는 혼이나 생명 같은 것을 철저하게 배제한다. 그리고 모든 것을 순수한 '수학적인 기호'로 파악하려고 한다. 과학에서 어떤 사물의 성질은 그것의 원자량, 비열比熱, 굴절률, 흡수

지수指數, 전도율, 자기화율磁氣化率 등으로 규정된다. 그러나 과학자들도 자신의 어머니나 아내를 독자적인 생명과 혼을 갖는 인격체로 보지, 물질이나 원자들의 복합체로 보지 않는다. 그리고 자기 어머니의 사랑을 진심에서 나온 것으로 보지, 뇌를 중심으로 한 신체에서 일어나는 화학물질의 분비에 의한 것으로 보지는 않는다.

니체는 과학이 아니라 예술에 의해 세계와 사물의 진리가 드러난다고 보았다. 예술에 의해 드러나는 세계와 사물은 표정과 혼을 갖는 세계이고, 신화적인 표정 체험에 의해 규정되는 세계다. 니체는 인간은 과학이 드러내는 세계에서 살 수 없고, 예술이 드러내는 신화적인 세계에서만 건강하게 살 수 있다고 보았다. 인간의 삶이 보다 큰 건강과 활력을 얻기 위해서는 신화가 필요하다는 것이다. 따라서 니체는 오늘날 예술의 과제는 바로 이러한 신화를 창조하고, 신화를 통해 사람들의 삶에 의미와 방향을 부여하는 것이라고 보았다.

춤추는 신 디오니소스

니체가 건립하려는 신화는 그리스 신화나 그리스도교처

럼 인격신들이 주인공이 되는 신화가 아니다. 그것은 차라리 하나의 형이상학적인 신화라고 할 수 있다. 니체는 『비극의 탄생』에서 다양한 개체로 이루어진 이 세계의 근저에 하나의 '우주적 생명력'이 있다고 말한다. 우주적 생명력은 자신을 다양한 개체와 종으로 표현하면서 각각에게 생명과 혼을 불어넣는 근원이다. 우주의 모든 것이 그 안에서 생겨나고 죽음과 함께 그 안으로 돌아가는 것이다.

니체가 그리스도교의 신을 대신하여 제시하는 새로운 신인 '디오니소스'는 이러한 우주적 생명력을 상징한다. 모든 개체는 디오니소스적인 생명력에서 생겨나서 다시 그것으로 돌아간다는 것이다. 디오니소스는 그리스도교의 여호와나 이슬람교의 알라처럼 사람들이 기도하고 소원을 빌 수 있는 신이 아니다. 사람들이 자신의 계율을 제대로 지키고 있는지를 감시하면서 계율을 지키는 자들은 천국으로 올려보내고 그렇지 않은 자들은 지옥에 떨어뜨리는 신도 아니다. 디오니소스는 도덕적인 신이 아니라 '춤추는 신'이다.

그는 어린아이들이 모래성을 쌓다가 부수면서 유희하는 것처럼 춤추면서 자신을 표현한다. 세계의 모든 현상은 디오니소스의 자기표현이다. 예를 들어 디오니스소스는 오이디푸스라는 비극적 영웅으로 자신을 표현하면서 영광의 정점에 도달했다가 극도의 절망에 떨어지기도 한다. 이렇게 무수한 개체의 탄생과 성장, 번영과 몰락이란 형태로 춤추듯 유희하면서 자신을 표현하는 것이 바로 디오니소스 신이다.

그리스도교나 이슬람교는 모든 것이 탄생했다가 죽음으로 끝나고, 모든 것이 끊임없이 갈등하고 투쟁하는 이 세계를 불완전하고 악한 세계라고 단죄했다. 그리고 이런 변화가 다 사라지고 영원한 지복이 넘치는 세계를 천국이라는 이름으로 찬양한다. 그러나 니체는 탄생도 죽음도 변화도 없는 세계는 죽은 세계라고 보았다. 생명은 변화하는 것이고, 생명의 세계에서는 살아 있는 것들이 서로 화합도 하지만 갈등 혹은 투쟁하기도 한다.

니체에 따르면, 오직 병들고 허약한 자들만이 변화도 없고 투쟁도 갈등도 사라지고 고요한 지복만이 유지되는 세상을 희구한다. 참으로 강한 자는 변화와 갈등과 투쟁을 즐기는 자다. 끊임없이 변화하는 다채로운 현상으로 자신을 표현하는 디오니소스의 우주적 생명력과 하나가 된 자다.

니체는 우리가 디오니소스의 충만한 생명력과 하나 될 것을 요구한다. 춤추는 신인 디오니소스처럼 그 모든 고통과 고난에도 이 세계를 긍정하면서 유희하듯이 살라는 것이다. 그리고 니체는 예술이야말로 우리 내면에 잠재한 충만한 생명력을 불러일으키는 것으로 보았다.

근대 이전의 서양인들은 그리스도교에서 삶의 의미와 방향을 찾았지만, 많은 현상이 과학적으로 설명되면서 그리스도교는 영향력을 상실하게 되었다. 벼락이 칠 때 사람들은 더 이상 그것에서 신의 분노를 보지 않고 전기적인 현상을 볼 뿐이고, 신에게 기도하기보다는 피뢰침을 달아 벼락을 피하려고 한다.

이러한 사태를 니체는 "신은 죽었다"라고 표현했다. 신은 죽었다는 말은 신이 존재하지 않는다는 무신론을 주장하는 것이 아니다. 그것은 신이 과거에 가졌던 영향력을 더 이상 갖지 못하게 되었다는 시대 진단이다.

신은 과학에 의해 살해되었지만 과학이 신처럼 삶의 의미와 방향을 제시하지는 못한다. 과학은 모든 것은 인과법칙에 따라서 생성되고 소멸할 뿐, 인간의 삶과 세계에 특별한 의미나 목적이 있다고 보지 않는다. 과학은 오히려 우리를 살아가야 할 이유도 목표도 없다고 보는 니힐리즘에 빠뜨리기 쉽다.

니체는 인간과 세계를 논리적 지성을 통해 파악하려고 했던 서양의 전통 형이상학이 결국은 과학으로 귀착되었고, 과학에 의해 대체되었다고 본다. 따라서 니체는 그리스도교는 물론이고 전통 형이상학도 니힐리즘으로부터 새로운 출구를 마련해줄 수 없다고 본다. 이런 상황에서 우리에게 열려 있는 길은, 당시 니체가 숭배했던 바그너의 음악처럼 건강한 생명력으로 넘치는 음악이 열어주는 신화적 세계를 받아들이는 것뿐이다.

음악만이 인간과 세계의 참된 본질을 드러내기에, 철학의 과제는 음악이 열어주는 신과 인간과 세계에 대한 새로운 이해를 개념적으로 분명히 하는 것이다. 이러한 문제의식과 함께 『비극의 탄생』은 그리스 비극에서 나타났던 디오니소스적 생명력을 분명히 드러내어 새로운 신을 제시하려고 한다. 새로운 신화와 함께 사람들에게 삶의 새로운 의미와 방향을 제시하려는 것이다.

음악은 우주적 생명력을 상징하는 디오니소스의 표현이다

아폴론적 예술과 디오니소스적 예술

『비극의 탄생』에서 니체는 예술을 아폴론적 예술과 디오니소스적 예술로 나눈다. 아폴론적 예술은 건축, 미술, 조각, 서사시처럼 창작자와 감상자에게 사물을 조용히 관조하는 태도를 요구하는 조형예술이다. 디오니소스적 예술은 서정시, 음악, 춤과 같이 감정에 직접적으로 호소하면서 우리를 뒤흔드는 예술이다. 아폴론적인 것은 조형예술의 아름다움이 비롯되는 근본 원리이며, 디오니소스적인 것은 비조형예술이 불러일으키는 도취가 비롯되는 근본 원리다. 아폴론적인 것이나 디오니소스적인 것 혹은 그리스 비극처럼 양자를 완전하게 구현할수록 훌륭한 예술이다.

아폴론적인 것이라는 개념의 기원은 그리스 신화의 아폴론 신에 있고, 디오니소스적인 것이라는 개념은 디오니소스 신에 기원을 두고 있다.

아폴론은 태양과 지혜의 신으로서 도덕이나 법률을 주관한다. 아폴론은 또한 예언의 신이다. 따라서 델포이를 중심으로 한 그의 신전神殿에서는 사람들이 무녀巫女를 통해 신탁神託을 받는 일이 성행했다. 니체는 아폴론적인 것이라는 용어를 태양과 같은 밝음, 이러한 밝음 아래에서 모든 사물이 드러내는 균형, 절도, 질서, 명료한 형태 그리고 국가의 도덕이나 법률, 아름다운 가상假像, 이러한 아름다운 가상을 형성하는 예술적 능력을 상징하는 용어로 사용했다.

디오니소스 신은 아폴론 신과 반대되는 성격을 갖는다. 아폴론이 지혜와 절도의 신이라면, 인간에게 포도를 재배하고 포도주 만드는 법을 가르쳐준 디오니소스는 술과 도취의 신이다. 디오니소스적인 도취의 상태에서 사람들은 아폴론적인 절도와 질서에 수반되는 모든 금기禁忌에서 벗어나 서로가 하나가 되는 합일을 맛보았다. 아폴론이 모든 것을 적절하게 나누면서 질서를 형성하는 신이라면, 디오니소스는 그러한 질서를 무너뜨리고 모든 것을 융합하는 신이다. 아폴론이 밝음과 절도 그리고 평정을 상징한다면, 디오니소스는 밤의 어둠과 혼돈의 심연 그리고 끊임없이 유동하고 변화하는 생명력을 상징한다.

니체는 고대 그리스에서는 아폴론적인 것과 디오니소스적인 것의 대립과 화해를 통해 새로운 예술 형식이 탄생해왔다고 본다. 니체는 이러한 현상을 남녀 간에 지속적인 투쟁과 주기적인 화해를 통해 자식이 탄생하는 것에 비유한다. 이런 관점에서 보면, 아폴론적인 것과 디오니소스적인 것은 각각 남성적인 원리와 여성적인 원리를 가리킨다고도 할 수 있다. 아폴론적인 것은 남성적인 절도와 균형 그리고 엄격함을, 디오니소스적인 것은 여성적인 조화와 일치 그리고 부드러움을 의미하는 것이다.

디오니소스적인 것이 여성적인 원리를 상징한다는 개념은 디오니소스 축제에서 여성들이 주도적인 역할을 맡았던 사실과도 상통한다. 디오니소스 신화를 보면 디오니소스가 '마이나데스'라고 불렸던 여성들을 거느리고 리디아, 프리기아를 비롯한 동방 여러 나라에서 포교를 한 것으로 그려진다. 마이나데스는 '광란하는 여자들'이라는 뜻이다. 표범 등 짐승의 가죽을 걸친 그녀들은 나뭇가지로 만든관冠을 쓰고, 한 손에는 뱀이나 포도송이를, 다른 한 손에는 디오니소스 숭배의 표지標識인 지팡이를 든 채 노래하고 춤추면서 산과 들을 뛰어다녔다.

디오니소스 신과 '접신'이 되었을 때 이 여자들은 시끄럽게 떠들면서 산기슭에서 미친 듯이 춤을 추었고, 괴력怪力을 발휘하여 나무를 뿌리째 뽑는가 하면, 야수를 갈가리 찢어 피가 뚝뚝 흐르는 날고기를 먹었다고 한다. 그녀들은 디오니소스 숭배의 본고장인 트라키아나 프리기아에서 디오니소스 축제가 있을 때 열광적으로 난무亂舞하던 여신도들을 신화적으로 반영한 것으로 여겨진다.

『비극의 탄생』에서뿐 아니라, 니체의 사유 전체에서 디오니소스적인 것이라는 개념은 핵심적인 역할을 한다. 디오니소스는 봄에는 만물이 소생하고 여름에는 무성해지며 가을에는 시들고 겨울에는 모든 활동이 중단되지만, 다시 봄이 오면 만물이 소생하는 식으로 끊임없이 유희하는 세계의 생명력을 상징한다. 그리고 니체는 우리에게도 이런 생명력을 가지고 유희하듯 살 것을 권한다.

죽음을 극복하고 부활한 디오니소스

디오니소스 신의 탄생과 부활과 관련해서는 두 가지 이야기가 전해온다.

디오니소스는 제우스와 테베시[*]를 건립한 카드모스의 딸 세멜레 사이에서 태어났다. 세멜레가 제우스의 아이를 임신하자, 이 사실을 알게 된 제우스의 아내 헤라는 늙은 유모의 모습으로 변신하고 세멜레를 찾아간다. 그러고는 세멜레에게, '애인이라는 그 남자가 진짜 제우스인지, 아니면 신 행세를 하는 건지 어떻게 아느냐'며 의심을 품게 만든다. 그리고 제우스가 찾아오면 정말 제우스라는 증거로 헤라와 결혼할 때의 모습을 보여달라고 요구하도록 부추겼다.

세멜레는 제우스가 찾아오자 소원이 있으니 꼭 들어달라고 간청했고, 제우스는 어떤 소원이라도 다 받아주기로 약속한다. 세멜레의 소원을 들은 제우스는 자신의 약속을 후회하지만, 어쩔 수 없이 번개의 모습으로 나타났고, 세멜레는 그 자리에서 새카맣게 타 죽었다. 제우스는 세멜레의 배에서 아기를 꺼내 자신의 넓적다리에 넣어 키웠다. 달이 차자 아이는 아버지의 넓적다리를 뚫고 세상에 나왔다. 이 아이가 바로 디오니소스다.

제우스는 헤라가 눈치채지 못하게 디오니소스를 니사의 님프들에게 맡겨 키우게 했다. 디오니소스는 니사에서 자라면서 포도 재배법과 포도주 제조법을 발견했다. 디오니소스라는 이름은 '니사의 제우스'를 의미한다고 한다. 그러나 헤라는 디오니소스를 찾아내어 그를 미치광이로 만들었다. 디오니소스는 미친 상태로 지상의 여러 나라를 방랑했다. 제우스의 어머니인 레아의 도움으로 정상을 회복한 디오니소스는 인도까지 여행하면서 사람들에게 포도 재배법과 포도주 제조법을 가르쳤다.

디오니소스를 세멜레의 아들이 아니라 제우스와 페르세포네의 아들로 보는 신화도 있다. 그런데 페르세포네는 제우스와 데메테르의 딸이다. 이게 사실이라면 제우스는 자신의 딸과 관계를 맺은 것이 된다.

뱀의 모습으로 둔갑한 제우스와 페르세포네 사이에서 태어난 아들이 자그레우스다. 그러나 헤라의 사주를 받은 티탄(거인)들이 자그레우스를 여덟 조각으로 찢겨 삼킨다. 남은 건 자그레우스의 심장뿐이었는데, 제우스가 그 심장을 삼킨 다음 세멜레와 만나, 그녀를 통해 자그레우스를 다시 태어나게 했다고 한다. 자그레우스는 디오니소스의 별

명 중 하나로, '영혼의 사냥꾼'을 의미한다.

『비극의 탄생』에서 니체는 이 두 번째 신화를 따른다. 니체는 사지가 갈가리 찢기는 죽음을 극복하고 부활하는 디오니소스에서 넘쳐흐르는 생명력을 보았다. 그리고 이러한 디오니소스를 겨울에는 활동을 멈추었다가 봄이 되면 다시 소생하는 대자연의 생명력을 상징하는 용어로 사용했다.

고대인들에게도 디오니소스는 강력한 생명력과 풍요와 수확을 상징하는 신이었다. 따라서 디오니소스는 특히 농부들에게 사랑받았다. 도시국가 아테네의 독재자였던 페이시스트라토스는 민중의 환심을 사기 위해, 농부들이 성대하게 벌이던 디오니소스 축제를 아테네의 축제로 만들었다.

디오니소스 축제는 사람들을 도취와 환각 상태로 빠뜨렸다. 이 제사에는 여성과 노예도 참여했다. 배우들은 산양의 뿔, 긴 귀, 꼬리를 지닌 '사티로스'라는 디오니소스의 시종들로 분장하여, 도취한 디오니소스를 수행하는 역할을 맡았다. 비극을 뜻하는 그리스어 'tragodia(트라고디아)'는 산양, 즉 사티로스를 찬양하는 노래를 뜻한다.

니체가 주장하듯 디오니소스 축제에서 디오니소스에게 바치는 합창 찬가(디티람보스)가 비극의 기원이라고 한다. 디오니소스 축제에서는 원래 연극은 하지 않고 디오니소스에게 바치는 찬가만 불렀다. 합창단의 찬가를 들으면서 축제에 참여한 사람들은 디오니소스가 자신들 사이에서 나타났다고 느끼며 도취에 빠져들었다.

그러다 디오니소스 축제가 발전하면서 합창단 앞에서 디오니소스의 일생을 연기하는 연극이 행해진다. 이런 연극이 비극의 출발점이 된 것이다. 니체는 그리스 비극의 주인공인 오이디푸스나 프로메테우스가 모두 디오니소스의 현현顯現이라고 했다. 오이디푸스나 프로메테우스를 통해 그리스인들은 디오니소스의 강인한 생명력을 경험했다는 것이다.

세계의 비밀은 음악으로 다가온다

아폴론적인 것과 디오니소스적인 것, 두 예술 원리는 각각 '꿈을 꾸려는 충동'과 '도취를 맛보고 싶은 충동'이라는 인간의 근본적인 충동과 긴밀히 연관되어 있다.

니체는 그리스인들이 올림포스 신화의 형태로 창조한

신들의 장엄한 형상은 그들이 임의로 지어낸 게 아니라 아마도 꿈속에서 보았을 것이라고 추측한다. 인간은 꿈속에서 완벽한 예술가가 된다. 꿈속에서 아름다운 형상뿐 아니라 끔찍하고 추한 형상도 만들어내지만, 이러한 형상은 현실에서보다 훨씬 완벽하고 극적이다. 우리는 꿈을 꾸면서 그 속의 형상들이 가상이라고 어렴풋하게 느끼면서도, 그것들을 바라보면서 쾌감과 기쁨을 느낀다.

아폴론 신은 꿈속의 형상들이 갖는 완벽한 절도와 균형을 상징한다. 단적으로 말해, 꿈을 꾸려는 충동은 아름다운 가상을 형성하고 그것을 관조하면서 쾌감을 맛보려는 충동이다.

이에 반해 디오니소스적인 것은 도취를 맛보고 싶은 충동과 밀접한 연관이 있다. 우리 인간에게는 술이나 축제 분위기에 빠짐으로써 자신을 망각하고 만물과 하나가 되고 싶은 충동이 있다. 사람들은 도취 상태에서 노래하고 춤추면서 만물이 하나가 된 공동체의 일원이라고 느끼고, 최고의 건강한 생명력을 맛보게 된다. 이렇게 만물과 신비로운 일체감을 느끼면서, 모든 것이 분리된 개체로서 나타나는 일상 세계는 참된 세계가 아니라고 느끼게 된다.

더 나아가 우리는 개체들로 이루어진 세계의 이면에 근원적인 일자가 존재하며, 이것이야말로 참된 실재라고 느끼게 된다. 동시에 그 모든 것을 개별적인 것으로 나타나게 하는 '시간과 공간'이라는 베일이 이러한 실재를 가리고 있었음을 깨닫게 된다.

우리가 사는 세계는 모든 것이 시간과 공간을 통해 구획되어 있다. 시간과 공간상에서 모든 것은 개체로 나타난다. 동일한 시간과 공간에 존재하는 것은 없다. 하나의 시공간에 존재하는 것은 오직 하나뿐이다. 따라서 어떤 사람이 나와 동일한 시공간에 존재한다면 그 사람은 나와 동일한 사람이다. 이순신 장군이 나와 다른 사람인 것은 나와 다른 시간과 공간 속에 존재하기 때문이다.

이처럼 모든 것을 개별적인 것으로 나타나게 하는 시간과 공간을 니체는 '개별화의 원리'라고 부른다. 또한 개별화의 원리가 근원적인 일자로서의 실재를 가린다는 점에서 '마야의 베일'이라고 부른다. '마야'란 '망상' 혹은 '환상'을 의미하는 산스크리트어다. 음악을 들으며 도취에 빠질 때, 시간과 공간이라는 마야의 베일이 찢기고 근원적인 일자가 모습을 드러낸다.

니체는 『비극의 탄생』 신판에 부친 서문 「자기비판의 시도」에서 이렇게 썼다.

"이 책은 음악의 비밀에 참여하는 사람들을 위한 책으로서, 음악의 세례를 받고 공통의 드문 예술 경험으로 처음부터 맺어져 있는 사람들을 위한 '음악'이며, 또한 예술에서 피를 함께 나눈 사람들을 식별하기 위한 인식표다."[1]

이 인용문에서 암시하고 있는 것처럼 니체의 『비극의 탄생』을 지배하는 정조는 음악의 신비에 대한 경이와 경탄이다. 니체는 음악의 신비에 대한 철학적 반성을 통해 인간과 세계의 본질을 파악하려고 한다.

미술이나 조각을 비롯한 다른 예술은 모두 우리가 볼 수 있는 형상을 만들어내지만, 음악은 아무런 형상도 만들어내지 않는다. 그런데도 음악은 다른 어떤 예술보다 우리를 강력하게 사로잡는다. 음악이 아무런 형상도 표현하지 않는다면 음악이 표현하는 것은 무엇인가? 그리고 인간은 도대체 어떠한 존재이기에 음악을 창조하고 음악에 그렇게 감동할 수 있는가?

니체는 세계의 비밀과 진리를 드러내는 것은 학문이 아니라고 본다. 학문은 세계의 표면만 드러낼 뿐, 세계의 핵심적인 본질을 드러내지는 못한다. 니체는 학문보다는 예술, 그중에서 특히 음악을 통해 세계의 비밀이 드러난다고 본다. 세계의 비밀은 세상을 눈앞에 세워두고 그것을 관찰하는 학문적인 지성을 통해 파악되는 게 아니라, 음악을 통해 우리를 사로잡는 방식으로 자신을 드러낸다는 것이다.

음악을 들을 때 우리는 왜 황홀해지는가

누구나 음악을 들으면서 그 신비로운 힘에 경이를 느낀 적이 있을 것이다. 음악은 우리를 슬픔이나 기쁨, 분노, 공포 혹은 한없는 감사와 평온에 사로잡히게 한다. 우리는 슬픈 음악을 들으면 슬퍼지고, 경쾌한 음악을 들으면 마음이 가벼워진다. 그러나 음악은 슬픔이나 분노 같은 부정적인 기분조차 황홀한 것으로 변용한다. 차이코프스키의 〈비창〉을 들을 때 우리는 아름답고 황홀한 슬픔을 느낀다. '슬픈 황홀경'이라는 것은 논리적으로 모순된 것이고 학문적인 지성은 이해할 수 없는 것이지만, 음악에서는 그런 모순이 가능하다.

우리가 사는 현실에는 고위직과 하위직, 부자와 빈곤한 자, 사장과 노동자, 여성과 남성, 어른과 어린이, 백인과 유색인 등 수많은 차이와 차별이 존재한다. 이런 현실에서 우리는 다른 사람들과 분리되어 있을 뿐 아니라 다른 사람들에게서 위협받는 외로움을 느낀다. 그리고 생존하기 위해, 또 우월한 지위를 확보하기 위해 고군분투한다. 그러나 음악의 황홀경에 빠질 때면 자기 자신을 망각하면서 모든 것과 하나가 되곤 한다.

앞서 음악이 표현하는 것을 디오니소스 신과 같은 우주적 생명력이라고 불렀지만, 니체는 이것을 '세계의지'라고도 부른다. 생명력은 근본적으로 의지와 동일하다고 보기 때문이다. 생명력이 강한 사람은 강한 의지를 가지고 어떠한 고난에도 쉽게 부러지지 않는다. 개체의 모든 생명 활동이 의지에서 비롯되듯, 니체는 개체를 낳은 세계의 본질도 의지의 성격을 갖는다고 본다. 그것을 규정하고 있는 것은 넘쳐나는 힘을 분출하고 싶은 의지다. 이러한 의지에서 개체들이 생겨났다.

음악은 세계의지의 직접적 표현으로, 우리를 세계의지와 하나가 되게 한다. 음악이 표현하는 우주적 생명력은 모든 시간과 공간에 편재해 있는 것이기에, 서로 다른 시간과 공간에서 사는 사람도 동일한 음악을 들으면서 동일한 감동을 경험할 수 있다.

예를 들어 우리는 슬픈 노래를 들으면 모두 슬픔에 잠긴다. 이때 슬픔은 나의 슬픔이면서 슬픔 자체를 나타내는 것이기도 하다. 그것은 고통스러워하는 세계의지 그 자체를 나타내는 것이다. 그래서 슬픈 음악이 흐를 때 사람들은 모두 슬픔에 사로잡히고, 경쾌한 음악이 흐를 때 사람들은 경쾌한 기분이 된다.

우리는 보통 언어로 의사소통을 한다. 다른 나라의 언어를 모르는 사람이 그 나라 사람들과 소통하기 위해서는 번역과 통역이 필요하다. 하지만 음악에는 번역이 필요하지 않다. 다른 나라의 음악이라도 순식간에 매료될 수 있다. 이 점에서 음악은 모든 인간이 본래는 하나로 연결되어 있음을 증명한다. 동일한 음악을 들으면서 사람들은 하나가 되는 것을 느낀다.

언어가 사람들의 두뇌와 지성에 호소할 뿐 내면에는 도달할 수 없는 반면, 음악은 온몸과 마음을 파고든다. 음악은 우주적 생명력의 표현이기 때문이다. 음악에 관한 니체의 사상은 뒤에서 살펴보겠지만, 쇼펜하우어의 영향을 크게 받았다. 또한 이는 음악을 우주의 언어로 보았던 피타고라스의 생각과 상통한다.

언어는 서로 다른 시간과 공간에 존재하는 사람들이나 사물들 사이의 차이를 파악하고 그것들을 분류한다. 이에 반해, 만물의 근원인 우주적 생명력 자체는 시간과 공간 밖에 통일적인 일자로서 존재한다. 따라서 언어는 존재의 핵심을 파고들 수도 없고 오직 존재의 표면만을 서성거릴 뿐이다.

음악에 도취할 때 우리는 인간과 세계의 본질을 경험한다
세계의 본질을 드러내는 것은 학문의 논리적이고 정교한 언어가 아니라 음악의 리듬과 멜로디다. 우리는 흔히 어떤 이론이 가진 정교한 논리에 압도되어, 논리적인 지성을 통해서만 진리에 도달할 수 있다고 생각하는 경향이 있다. 이러한 사고방식은 세계가 논리적인 구조로 이미 구성되어 있다고 전제한다.

그러나 니체는 세계는 논리적으로 구성된 것이 아니라고 본다. 논리도 학문도 인간관계를 비롯한 개체들 사이의 외적인 관계를 파악하는 데 그칠 뿐이다. 개체들의 본질이 무엇이며 개체들이 비롯되고 다시 돌아가는 세계의 궁극적인 근원이 무엇인지는 파악할 수 없다.

『비극의 탄생』에서 니체는 인간과 세계의 본질이 음악적인 것이라고 말한다. 따라서 인간과 세계의 본질을 이해하기 위해서는 논리적인 지성이 아니라 온몸과 혼을 동원해야 한다. 음악에 맞추어 춤을 추면서 자신과 세계의 본질을 경험하고 느낄 수 있다. 이러한 경험과 느낌을 언어로는 분명하게 표현할 수 없다. 그렇다고 해서 언어에 경험과 이해가 부족하다는 게 아니라, 언어에 한계가 있다는 뜻이다.

어떤 미술작품을 보면 '화가가 왜 이렇게 표현했을까'라는 의문이 생기고 그에 대한 설명이 듣고 싶어진다. 그러나 어떤 설명도 미술이 표현하는 것을 대체할 수는 없다. 그래서 어떤 미술가는 "언어로 표현할 수 있는 것이라면 왜 굳이 미술로 표현하겠는가"라고 말하기도 했다. 미술도 이러니, 음악에서 우리가 느끼는 도취는 직접 경험해보라고 말하는 것 외에는 어떤 정교한 말로도 표현할 수 없다.

우리는 음악을 들으면서 세계와 인간의 근원적인 본질인 우주적인 생명력을 경험한다. 논리적인 지성에 입각한 학문이 드러내는 세계가 개체들 사이의 차이가 분명히 드러나는 낮의 세계라면, 음악이 드러내는 세계는 모든 것이 혼융 일체가 된 밤과 심연의 세계다. 인간은 다른 동물과 달리, 이런 우주적 생명력의 소리를 음악을 통해 들을 수 있는 존재다. 이런 의미에서 저명한 인류학자인 클로드 레비 스트로스는 음악, 특히 멜로디의 본질에는 인간의 궁극적인 비밀을 풀 수 있는 열쇠가 들어 있다고 말했다.

『비극의 탄생』을 쓸 당시 니체는 음악의 신비에 빠져 있었고, 바그너의 음악에 매료되어 있었다. 단순히 음악을 듣고 감상하는 것을 넘어 몇 시간이든 피아노를 즉흥적으로 연주할 수 있었다. 니체는 이렇게 끊임없이 계속되는 멜로디의 흐름이야말로 시간과 공간이라는 개별화의 원리에 의해 규정된 일상 세계의 근저에서 요동치고 물결치는 우주적인 생명력의 흐름이라고 생각했다. 그리고 이미 시작된 것처럼 슬그머니 시작되면서도, 아직 끝나지 않은 것처럼 슬그머니 끝나는 바그너 음악의 끊임없는 멜로디가 진정으로 우주적 생명력을 반영한다고 보았다.

개별 사물이 끊임없이 부침浮沈하는 세상사는 우주적 생명력의 물결침이다. 음악은 우리를 세계의 심장부인 우주적 생명력으로 돌려보낸다. 음악의 멜로디에 사로잡힐 때 우리는 자신의 개체성을 망각하고 자신이 우주적 생명력 자체가 되었다고 느끼면서 도취 상태에 빠진다. 이러한 도취 상태를 니체는 '디오니소스적 황홀경'이라고 부른다. 『비극의 탄생』을 쓸 당시의 청년 니체는 바그너 음악을 통해 디오니소스적 황홀경을 맛보았다.

아폴론적인 예술에서, 우리는 아름다운 가상을 조용히 관조하면서 그것과 일정한 거리를 유지한다. 이에 반해 디오니소스적 음악에서 우리는 음악 속에 빠져버린다. 음악의 슬프거나 기쁜 선율에 도취해 자신을 망각하고 음악이 표현하는 근원적인 일자와 혼융 일체가 된다. 아폴론적인 아름다운 꿈의 가상들은 그것들을 관조하는 이성을 통해 향유되는 반면, 디오니소스적인 도취는 입술과 얼굴과 말뿐 아니라 신체의 모든 부분을 통해 일어난다.

디오니소스적 도취에 빠져 우리는 타인의 시선을 의식하지 않고 온몸으로 음악에 맞추어 춤을 추게 된다. 이러한 도취에 빠질 때 우리는 아폴론적인 질서와 차별의 세계가 사실은 디오니소스적 세계를 은폐하고 있을 뿐이라는 사실을 예감할 수 있다. 디오니소스적 세계에서는 인간뿐 아니라 살아 있는 모든 것 사이의 갈등과 대립 그리고 고통이 사라진다. 디오니소스적인 예술로 일어나는 혼융 일체의 도취 상태를 니체는 이렇게 묘사한다.

"디오니소스적인 것의 마력 아래에서는 인간과 인간의 결합만이 다시 회복되는 것이 아니다. 소외되고 적대시되어 왔거나 억압되어온 자연도 자신의 잃어버린 탕아浪子인 인간과 다시 화해의 축제를 벌이게 된다. 대지는 자신의 선물들을 보내고 암벽과 사막의 맹수들이 온순하게 다가온다. (…) 이제 노예는 자유민이다. 이제 곤궁과 자의恣意, '뻔뻔스러운 작태'가 인간들 사이에 심어놓은 완강하고 적대적인 모든 제한이 파괴된다. 세계의 조화라는 복음 속에서 사람들은 이제 이웃과 결합하고 화해하며 융합하고 있다고 느낄 뿐 아니라, 마야의 베일이 갈기갈기 찢어져 신비로운 근원적 일자 앞에 펄럭이고 있는 것처럼 이웃과 하나가 되고 있다고 느끼는 것이다."[2]

이 세계를 있는 그대로
긍정하라

니체의 철학에 깔린 쇼펜하우어의 그림자

니체 이전에 음악이 개별적인 인간들을 하나로 융해하는 힘을 갖는 것으로 본 철학자는 쇼펜하우어였다. 니체가 『비극의 탄생』에서 전개한 음악에 대한 사상은 쇼펜하우어에게서 지대한 영향을 받았다. 나중에 니체는 쇼펜하우어를 삶과 세계를 부정하는 병적인 염세주의자라고 비판하지만, 『비극의 탄생』을 쓸 당시만 해도 니체는 쇼펜하우어를 자신의 사상적 스승으로 숭배하고 있었다.

앞서 보았듯 니체는 『비극의 탄생』에서 예술을 아폴론적 예술과 디오니소스적 예술로 구분했다. 이런 분류와 각 예술이 갖는 특성에 대한 니체의 사상은 쇼펜하우어의 형이상학과 예술철학에서 큰 영향을 받았다. 그리고 각 예술의 본질을 파악하는 형이상학적인 토대인 개별화의 원리나 근원적 일자도 쇼펜하우어가 『의지와 표상으로서의 세계』에서 개진한 형이상학을 원용한 것이다.

쇼펜하우어는 세계가 세 가지 층위로 구성되었다고 본다. 하나는 개체들로 이루어진 현상세계다. 현상세계란 우리가 오감五感을 통해 지각할 수 있는 세계를 가리킨다. 이런 세계에서는 시간과 공간이라는 '개별화의 원리'가 지배한다. 니체가 『비극의 탄생』에서 시간과 공간을 개별화의 원리로 본 것은 바로 이 쇼펜하우어의 사상을 받아들인 것이다. 물론 쇼펜하우어 이전에 이미 칸트가 시간과 공간을 개별화의 원리로 보았다.

개별화의 원리에 따라 규정된 현상세계에서 모든 개체는 이기적인 욕망에 사로잡혀 자신의 생존과 종족의 보존을 위해 치열하게 투쟁한다. 그런데 현상세계의 이면에는 분화되지 않은 하나의 근원적 실재가 존재한다. 쇼펜하우어는 이를 칸트의 용어를 빌려 '물자체'라고도 부른다.

칸트는 물자체는 우리가 지각할 수 없기 때문에 인식할 수도 없다고 보았다. 인간은 지각되는 대상만 객관적으로

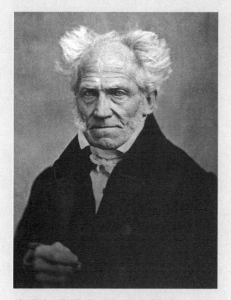

아르투어 쇼펜하우어(1788~1860)의 초상

인식할 수 있다고 보았던 것이다. 우리는 어떤 사람의 방에 소파가 있는지 없는지 객관적으로 인식할 수 있다. 그저 그 사람의 방에 들어가서 보면 안다. 그러나 신은 우리가 지각할 수 있는 존재가 아니기에 신이 존재하는지 아닌지 객관적으로 인식할 수 없는 것이다.

칸트와 마찬가지로 쇼펜하우어도 물자체는 지각될 수 있는 것이 아니라고 본다. 그러나 물자체가 어떤 성격을 갖는지는 현상세계의 사물들이 보이는 성격을 토대로 충분히 추측할 수 있다고 보았다. 물론 이는 추측일 뿐 객관적인 인식이라고 할 수는 없다. 우리는 물자체에 대해 쇼펜하우어가 말하는 것이 참인지 아닌지를 확인할 수 있는 감각적 증거를 가지고 있지 않기 때문이다. 그럼에도 쇼펜하우어는 그러한 추측이 현상세계의 다양한 현상을 설득력 있게 설명할 수 있다면 인식으로서의 가치를 갖는다고 했다.

쇼펜하우어는 근원적인 실재를 '세계의지'라고 부른다. 또한 근원적인 실재는 개별적인 다양한 사물과는 달리, 분화되지 않은 하나의 통일적인 존재이기에 쇼펜하우어는 그것을 '근원적 일자'라고도 부른다. 쇼펜하우어가 근원적 실재이자 일자를 세계의지라고 부르는 것은 현상세계에서 우리가 경험하는 개체들의 모든 행태를 규정하는 것이 바로 의지이기 때문이다.

식물은 물과 햇볕을 흡수하여 자양분으로 만들고 꽃가루를 퍼뜨린다. 동물은 식물을 뜯어 먹고 다른 동물을 잡아먹으며 교미한다. 이러한 모든 행태는 자신을 보존하고 자신을 번식하려는 의지에 따라 규정된다. 쇼펜하우어가 '의지'라고 부르는 것을 우리는 '욕망'이라고 부를 수 있다. 현상세계의 사물 중 정점에 있는 인간이야말로 욕망에 따라 모든 생각과 행동이 규정되는 욕망의 존재다.

서양의 전통철학은 이성을 인간의 본질로 보면서, 이성의 가장 핵심적인 부분을 의식적인 사고 능력, 즉 지성에서 찾았다. 그러나 쇼펜하우어에 따르면 우리의 지성은 사실 스스로 의식하지 못하는 욕망의 도구에 지나지 않는다. 그래서 쇼펜하우어는 전통 철학과 달리 인간을 욕망의 존재로 본다.

우리는 우리 자신이 이성적으로 사고하면서 객관적이고 보편적인 진리를 지향한다고 생각한다. 그러나 그 근저에는 자신의 이익을 관철하려는 이기적인 의지나 종족 보존 의지 혹은 안락이나 쾌락을 확보하려는 의지가 작용하고 있다.

쇼펜하우어는 이러한 욕망을 맹목적인 것으로 본다. 그것은 끊임없는 결핍감에 시달리면서 자신의 결핍감을 채우기 위해 잔악한 행위도 서슴지 않을 수 있다. 이러한 욕망은 인간에게 원초적으로 주어진 것으로, 이성의 지배를 받지 않고 오히려 이성을 자신의 도구로 만든다. 욕망을 충족하는 데 필요한 방법을 알아낼 것을 이성에게 지시하는 것이다.

자신과 가족이 생존의 위협에 처했을 때, 우리의 이성은 가장 활발하게 작동한다. 생존 욕망과 종족 보존 욕망이 이성에게 위험에서 벗어날 방법을 고안해내도록 강력하게 명령하기 때문이다. 이러한 사실은 수많은 과학적 발견과 기술적인 발명이 전쟁 상황에서 생겼다는 사실로도 입증된다. 이런 의미에서 쇼펜하우어는 '이성은 욕망의 노예'라고 말한다.

이성은 욕망에 종속되어 있기 때문에, 어떤 사람을 설득하기 위해 올바른 논변을 개발하기보다는 그 사람의 이익에 호소해야 하는 경우가 많다. 상대방을 설득하기 위해서는 정교한 논리를 펼치기보다는 상대방이 원하는 것을 재

빠르게 간파하여 그것을 충족시켜주겠다고 약속하는 것이 효과적이다. 또한 우리는 자신의 주장을 객관적인 논거에 입각한 것으로 여기지만, 사실은 자신의 이익을 변호하기 위해서 그럴듯하게 만들어낸 것에 불과한 경우도 많다.

세계의 비밀에 관한 두 철학자의 가르침

앞서 언급했듯 쇼펜하우어는 현상세계를 구성하는 개체들의 이면에 근원적인 세계의지가 존재한다고 보았다. 이처럼 통일되고 근원적 의지가 시간과 공간상에서 자신을 다양한 모습으로 표현한 것이 바로 개체다. 근원적 실재가 맹목적 의지의 성격을 갖고 있기 때문에, 그것에서 비롯된 개체들도 맹목적인 의지에 사로잡혀 있다.

또한 세계의지는 맹목적 의지로서 무한한 욕망에 사로잡혀 있기에 충족되지 못한 욕망과 결핍감에 시달린다. 인간의 욕망이 밑 빠진 독처럼 아무리 많은 것을 가져도 더 갖고 싶어 하는 것은, 인간의 욕망이 비롯되는 세계의지가 무한한 욕망의 성격을 갖기 때문이다. 세계의 근거를 맹목적인 욕망으로 보는 쇼펜하우어의 사상은 세계의 창조자를 인간에 대한 사랑으로 가득 차 있는 선한 신으로 보는 그리스도교 사상과 철저하게 대립한다.

쇼펜하우어에 따르면, 음악은 세계의지가 자신에 대해 갖는 내적인 불만이나 고통, 기쁨이나 환희 등을 표현한다. 우리는 개체이지만 궁극적으로 세계의지에서 비롯된 것이기에 음악이 표현하는 세계의지의 움직임에 빠져든다. 이때 우리는 자신의 개체성을 망각하고 음악을 듣는 다른 사람들과 동일한 감정에 빠져든다.

쇼펜하우어의 사상에서 현상세계의 개체들을 바다 위에서 떠도는 물방울이나 물거품이라고 한다면, 이런 개체들이 속하는 종들은 바다의 파도라고 할 수 있다. 그리고 그것들의 이면에 존재하는 근원적 실재는 바다와 같다. 물방울이나 파도는 일시적으로 나타났다가 사라지지만 그 이면에는 영원하고 거대한 바다가 존재한다. 바다는 분화되지 않는 하나의 것이기에 근원적인 일자를 바다에 비유할 수 있는 것이다.

우리의 일상적인 지각은 바다 위의 물방울이나 파도를 지각하는 것에 불과하다. 과학적 인식 역시 물방울이나 파도 사이의 인과관계를 파악하는 것에 불과하다. 과학은 인과관계에 대한 파악을 통해 하나의 파도에 불과한 인류가 파도들의 거센 움직임 속에서 살아남는 법을 가르쳐준다. 이에 반해 음악은 거대한 바다의 움직임을 표현한다.

개체들의 이면에는 근원적인 세계의지가 존재하지만, 개체들 위에는 그것들의 보편적이고 본질적인 형상이라고 할 수 있는 '이데아'가 존재한다. 이데아라는 개념을 쇼펜하우어는 플라톤에게서 받아들였다. 이데아는 인간이나 원숭이, 토끼, 장미 등과 같은 어떤 종의 보편적인 본질이다. 그렇기 때문에 이데아는 변화하지 않는다. 쇼펜하우어에 따르면, 건축이나 조각, 회화와 같은 조형예술은 사물들의 영원한 본질적 형상인 이데아를 직관하면서 이를 표현한다.

예를 들어 알브레히트 뒤러의 그림 〈토끼〉는 토끼의 종적인 본질, 즉 토끼의 이데아를 드러낸다. 조형예술에서 행해지는 이데아에 대한 직관적 인식은 생존 욕망이나 종족 보존 욕망에 종속되지 않은 순수한 관조적 인식이다. 우리는 자연을 순수하게 관조하거나 예술을 통해 이데아를 인식할 때, 갖가지 욕망에서 벗어나 고요한 평정을 얻게 된다. 예술 작품은 뒤러의 〈토끼〉에서 보듯, 개체를 통해 이데아 자체를 표현한다.

알브레히트 뒤러의 그림 〈토끼〉

이러한 이데아를 감상하면서 우리가 예술 작품에 몰입해 있는 동안, 우리의 의식 역시 시공간에 있지 않고 이데아의 세계에 진입하게 된다. 이데아의 세계에 진입하면서 우리는 개체들이 덧없이 부침하는 현상세계에서는 맛보지 못했던 평온한 기쁨을 경험한다. 현상세계에서 우리는 자신의 욕망에 다른 개체들이 부응할 때는 즐겁지만, 그렇지 않으면 불쾌한 기분에 사로잡힌다. 현상세계에서 우리의 감정은 끊임없이 요동친다. 이와 달리 조형예술을 관조하면 이데아 세계의 영원과 부동성不動性을 향유할 수 있다.

쇼펜하우어와 마찬가지로 니체도 『비극의 탄생』에서 세계가 세 가지 층위로 이루어져 있다고 본다. 세계는 개별적인 사물들로 이루어진 현상세계와 그것들 위에 존재하는 아폴론적 가상들, 그리고 이들의 이면에 존재하는 근원적인 일자로 이루어져 있다는 것이다. 또한 쇼펜하우어가 근원적인 세계의지를 표현한다고 보았던 비조형예술을 니체는 '디오니소스적 예술'이라고 부른다. 그리고 쇼펜하우어가 사물들의 이데아를 표현한다고 보았던 조형예술은 '아폴론적 예술'이라고 부른다.

앞서 설명했듯『비극의 탄생』은 쇼펜하우어의 예술철학과 형이상학으로부터 지대한 영향을 받았다. 그렇다고 해서 니체와 쇼펜하우어의 예술철학과 형이상학이 전적으로 동일한 것은 아니다.

니체는 쇼펜하우어와 유사하게 아폴론적 예술 작품을 볼 때 우리가 관조적 태도에 빠진다고 말한다. 그러나 니체는 아폴론적 예술의 기원을 쇼펜하우어가 말하는 것처럼 이데아에 대한 순수한 인식에서 찾지 않고, 우리 내면의 자연스러운 충동, 꿈을 꾸려는 충동에서 찾는다. 니체는 아폴론적 예술의 기원을 쇼펜하우어처럼 의지에서 독립해 있는 순수한 관조적 이성에서 찾기보다는, 우리 내면의 자연스러운 충동에서 찾는 것이다. 또한 쇼펜하우어가 말하는 사물들의 객관적인 본질로서의 이데아는 니체의 철학에서는 꿈을 꾸려는 충동이 만들어내는 아폴론적인 가상이 된다.

쇼펜하우어와 니체의 차이는 근원적 일자의 본질을 어떻게 파악하느냐에서 가장 분명하게 드러난다. 쇼펜하우어는 근원적 일자로서의 세계의지는 끊임없는 욕망으로 인해 결핍감과 불만에 사로잡혀 내적으로 갈등하며 고통스러워한다고 본다. 따라서 세계의지의 표현인 개체들도 충족되지 않는 욕망으로 인해 고통받고 갈등할 수밖에 없다는 것이다.

쇼펜하우어처럼 니체도 개체들의 이면에 존재하는 근원적인 일자로서의 세계의지는 내적인 갈등과 고통에 사로잡혀 있다고 본다. 그러나 세계의지가 겪는 내적인 갈등과 고통의 원인을 쇼펜하우어와 전혀 다르게 파악한다. 쇼펜하우어는 그 원인이 충족되지 않는 무한한 욕망과 그로 인한 결핍감에 있다고 보는 반면, 니체는 주체할 수 없을 정도로 넘쳐나는 자신의 창조적인 생명력을 세계의지가 발산하지 못하는 게 원인이라고 본다.

니체에 따르면 근원적인 일자의 내적인 모순과 불만은 근원적인 일자가 갖는 '풍요로움과 충만'에서 비롯된다. 이는 헤라클레스처럼 힘이 터질듯 충만하지만 발산할 곳이 없어서 괴로워하는 자가 겪는 고통과 유사하다. 바로 이것이 쇼펜하우어와 니체 사이의 결정적 차이이며, 둘 사이의 모든 차이는 여기에서 비롯한다.

쇼펜하우어의 철학에서는 인간 역시 세계의지처럼 채워지지 않는 무한한 욕망으로 인해 고통스러워하는 존재다. 따라서 쇼펜하우어는 욕망을 부정하는 금욕주의만이 고통으로부터의 구원을 가져다줄 수 있다고 본다. '욕망과 삶의 부정'이 쇼펜하우어 철학의 슬로건이다.

이에 반해 니체는 인간 역시 세계의지처럼 발산하지 못하는 힘 때문에 고통스러워하는 존재로 파악한다. 따라서 니체의 철학에서는 인간이 자신의 힘을 마음껏 발산하는 활력 넘치는 삶을 영위하는 것이야말로 최고의 윤리적 이상이 된다.

쇼펜하우어에게 이상적인 인간은 자신의 무한하고 맹목적인 욕망을 이성을 통해서 부정하는 금욕주의적인 인간이다. 이에 반해 니체에게 이상적인 인간은 자신의 넘치는 힘을 절도 있게 발산하는 인간이다. 쇼펜하우어에게서 이상적인 인간은 욕망에서 벗어난 부처와 예수와 같은 성자다. 이에 반해 니체에서 이상적인 인간은 넘치는 힘을 절도 있게 발산한 카이사르나 나폴레옹과 같은 자들이다. 니체는 카이사르나 나폴레옹 같은 자들은 넘치는 힘으로 많은 나라를 정복했지만 패자들에게 관용을 베풀었다고 본다. 성자들 앞에서 우리는 평온함을 얻지만, 카이사르나 나폴레옹 같은 자들 앞에서는 두려움과 압도되는 느낌을 갖게 된다.

니체와 쇼펜하우어의 차이는 비극의 본질에 대한 견해에서 가장 분명하게 나타난다. 쇼펜하우어의 철학에서 비극의 주인공은 우리에게 세상의 허망함을 깨닫고 자신의 욕망을 부정할 것을 가르친다. 이에 반해 니체의 철학에서 비극의 주인공은 넘치는 힘 때문에 고통과 고난을 찾으면서 자신의 힘을 시험해보는 자다. 쇼펜하우어의 철학에서 비극의 주인공은 우리에게 세상과 욕망에서 등을 돌릴 것을 가르치는 반면, 니체의 철학에서는 비극의 주인공처럼 생명력으로 충만한 존재가 될 것을 가르친다.

뒤에서 다시 살펴보겠지만, 『비극의 탄생』은 쇼펜하우어가 가장 정교한 논리로 설파했던 염세주의를 극복하려는 시도다. 니체는 이러한 염세주의를 어떤 식으로 극복하는가? 쇼펜하우어는 욕망을 부정함으로써 염세주의를 극복하려 한다. 이에 반해 니체는 현상세계에서 보이는 모든 고통과 모순에도 불구하고 현상세계를 완전한 세계로 보면서, 이를 긍정함으로써 염세주의를 극복한다. 그런데 현상세계에 고통과 갈등이 존재한다는 것을 인정하면서도 어떻게 그것을 완전한 세계로 볼 수 있는가?

쇼펜하우어의 염세주의는 궁극적으로는 근원적인 일자가 내적인 결핍감과 허기에 시달리는 불완전한 것이라는 데 근거한다. 근원적 일자가 내적인 결핍감에 시달리기 때문에, 그것에서 비롯된 개체들도 결국은 내적인 결핍감에 시달리는 불완전한 존재일 수밖에 없다. 이러한 개체들로 이루어진 현상세계도 불완전하고 추악한 것일 수밖에 없다. 쇼펜하우어가 생각하는 현상세계는 다윈이 생각하는 세계와 유사하다. 이 세계는 항상 부족한 자원을 둘러싸고 뭇 생명이 생존을 위해 싸우는 세계다.

이에 반해 니체는 현상세계는 낭비적이라고 할 정도로 다채롭고 풍요로운 곳이라고 본다. 현상세계의 이면에는 디오니소스의 창조적인 생명력이 끊임없이 발산되고 있다. 그래서 현상세계에서는 무수한 종과 개체가 생겨나고, 무수한 종과 개체가 상생하면서도 갈등하고 대립하는 가운데 새로운 종들과 개체들이 생겨난다. 사실 현상세계를 보면, 니체가 말하듯 낭비적이고 불필요하다는 생각이 들 정도로 헤아릴 수 없는 종과 개체가 존재한다. 거대한 공간과 무수한 별도 존재한다.

이렇게 풍요로운 현상세계에서 개체들이 서로 싸우는

것은 부족한 자원 때문이 아니라 자신들의 힘을 확인하기 위해서다. 개체들은 자신의 힘을 발산하기 위해 서로 겨루는 것이다. 따라서 현상세계에 존재하는 갈등과 모순과 대립은 쇼펜하우어가 파악하는 것처럼 현상세계의 근저에 있는 우주적 생명력이 결핍감에 시달린다는 것을 의미하지 않는다. 그것들은 오히려 현상세계의 근저에 있는 우주적 생명력이 주체할 수 없는 힘으로 넘쳐흐른다는 것을 의미한다.

염세주의를 극복하고 현상세계를 긍정하기 위해서는, 일차적으로 근원적인 일자를 쇼펜하우어처럼 만족할 줄 모르고 끊임없이 욕망하면서 결핍감에 시달리는 것으로 보아서는 안 된다. 현상세계와 인간의 의지와 욕망을 긍정하기 위해서는 근원적인 일자의 성질을 쇼펜하우어와는 근본적으로 다르게 파악해야 한다. 니체에게 근원적인 일자의 고통은 결핍감이 아니라 힘의 과잉과 충만에서 비롯된 것이다. 근원적인 일자는 현상세계의 무수한 종과 개체로 자신을 나타내는 방식으로 힘을 발산하면서 고통에서 벗어난다.

이러한 디오니소스적 세계의지가 생명력이 넘쳐흐르는

충만하고 완전한 존재인 것처럼, 그것에서 비롯되는 현상 세계 역시 그 모든 갈등과 고통에도 불구하고 충만하고 완전한 세계일 수밖에 없다. 말년의 니체는 『비극의 탄생』을 돌이켜보면서 이렇게 말한다.

> "(…) 삶에 대한 이렇게 궁극적이면서도 가장 기쁨에 차 있고 가장 충일하면서도 가장 의기양양한 긍정은 최고의 통찰일 뿐 아니라 진리와 학문에 의해서 가장 엄격하게 입증되고 보존되는 **가장 심오한** 진리다. 존재하는 것에서 빼 버릴 것은 하나도 없으며, 없어도 되는 것은 하나도 없다."[3]

니체는 그리스 비극은 바로 이렇게 "존재하는 것에서 빼 버릴 것은 하나도 없으며, 없어도 되는 것은 하나도 없다"라는 세계의 완전성을 보여준다고 말한다. 쇼펜하우어가 삶을 부정하는 염세주의적인 태도를 취하는 반면, 니체는 이미 『비극의 탄생』에서도 삶을 긍정하고 있다. 쇼펜하우어는 예술은 고난에 찬 삶에 일시적인 휴식을 제공한다고 본다. 이에 반해 니체는 예술이 고난과 고통으로 점철된 삶을 정당화하고 승화시키면서 사람들에게 살아갈 힘을 불어넣어준다고 본다.

니체는 쇼펜하우어를 '문제적 최후의 독일인'이라고 불렀다. 쇼펜하우어는 괴테, 헤겔, 하인리히 하이네처럼 하나의 유럽적 사건이며 단순히 지역적, 국가적 사건에 불과한 것이 아니라는 것이다. 니체는 쇼펜하우어의 사상은 단순히 개인적 사상이 아니라 유럽에서 지배적인 영향력을 떨치는 사상적 경향을 대표하고 있다고 본다.

이런 의미에서 쇼펜하우어의 염세주의는 쇼펜하우어에게만 존재하는 염세주의가 아니라 당시의 유럽에서 상당한 영향력을 갖고 있으며 장차 유럽 전역을 지배할 수도 있었다. 따라서 쇼펜하우어의 염세주의에 대한 니체의 대결은 단순히 쇼펜하우어 개인과의 대결이 아니라 하나의 거대한 정신적 흐름과의 대결이었다.

염세주의는 나약한 자들의 세계관이다

『비극의 탄생』에서 니체가 개진한 예술철학과 형이상학은 쇼펜하우어의 예술철학과 형이상학과 근본적으로 다르다. 그럼에도 니체가 쇼펜하우어에게서 지대한 영향을 받았다는 사실은 부인할 수 없다. 『비극의 탄생』 출간 1년 후에 나온 『반시대적 고찰』에 실린 「교육자로서의 쇼펜하우어」에서도 니체는 쇼펜하우어를 천재라고 부른다. 천재란 삶에 새로운 가치와 척도를 부여하는 사람이다.

쇼펜하우어는 당시의 지배적인 사조였던 계몽주의와 여전히 강력한 영향력을 가지고 있었던 그리스도교에 항거했다. 계몽주의는 과학과 기술을 발전시켜 자연을 정복하고 정의로운 사회를 만들어 인간이 겪는 모든 고통을 극복할 수 있으리라는 낙관주의에 빠져 있었다. 쇼펜하우어는 천박한 낙천주의 대신에 염세주의를 설파했으며, 인격신이 세계를 지배한다는 그리스도교의 주장을 반박하면서 세계를 지배하는 것은 맹목적인 의지라고 주장했다.

이 점에서 니체는 쇼펜하우어의 지적인 성실성을 높이 평가한다. 쇼펜하우어는 인격신 따위의 허구적인 관념에 의지하지 않고, 우리가 내면에서 직접 체험할 수 있는 생존 의지와 종족 보존 의지라는 원리에 입각하여 모든 현상을 설명하려고 했다는 것이다. 니체는 삶의 본질이 논리적으로 해명될 수 없고 도덕적이지도 않은 의지라고 여기는 쇼펜하우어의 사상을 받아들인다. 물론 니체는 의지는 생존이 아니라 힘을 추구한다고 본다. 의지는 자신을 고양하고 강화함으로써 자신의 힘을 느끼고 싶어 하는 의지, 즉 힘을 향한 의지인 것이다.

　무엇보다 니체는 인간과 세계의 심연을 드러내려고 하는 쇼펜하우어의 철학이 당시 사람들의 천박한 삶을 극복할 수 있는 새로운 인간상을 제시한다고 보았다. 니체는 당시의 사람들이 기계적으로 노동하면서 노동이 끝난 후에는 찰나적인 쾌락과 안락만을 추구하는 천박한 삶을 살고 있다고 보았다. 이러한 인간에 비하면 쇼펜하우어가 제시하고 있는 예술적인 인간, 즉 조형예술을 통해 이데아를 관조하거나 음악을 통해 세계의지와 하나가 되는 인간은 훨씬 높은 차원의 인간이라는 것이다.

　『비극의 탄생』에서 니체는 쇼펜하우어를 뒤러가 그린 〈죽음과 악마를 거느린 기사〉에 비유한다. 니체는 이렇게 말한다.

"그 기사는 갑옷을 입고 청동처럼 준엄한 시선과 함께 공포의 길을 아무런 동요도 희망도 없이 단지 홀로 말과 개를 거느리고 전진할 줄밖에 모른다. 이러한 뒤러의 기사가 바로 우리의 쇼펜하우어였다. 그에게는 아무런 희망도 없었다.

알브레히트 뒤러의 그림 〈죽음과 악마를 거느린 기사〉

그럼에도 불구하고 그는 그저 진리를 원했던 것이다. 그와 견줄 만한 자는 없다."[4]

니체가 보기에 당시의 고전문헌학자들이나 국가 권력과 종교 권력에 아부했던 철학자들과 달리, 쇼펜하우어는 새로운 진리와 새로운 삶의 방식을 제시하는 정신의 독재자였다. 니체는 쇼펜하우어의 철학과 바그너의 음악에 매료되면서 전통적인 고전문헌학자로서의 길을 포기하고 철학자의 길을 걷기로 결심한다. 이러한 방향 선회가 니체의 『비극의 탄생』에서 분명하게 드러나 있다.

내 안의 비극적 영웅을 깨우다

예술은 삶의 고통에서 태어난다

앞서 보았듯 니체는 그리스 예술을 아폴론적인 것과 디오니소스적인 것의 투쟁과 화해의 과정으로 규정한다. 니체는 그리스인들은 다른 민족들보다 훨씬 강한 아폴론적인 성격과 디오니소스적 성격을 가지고 있었다고 본다. 이렇게 강한 아폴론적 성격과 디오니소스적 성격이 상대방을 압도하려고 하는 가운데, 다른 민족에서 볼 수 없는 탁월한 아폴론적 예술과 디오니소스적 예술 그리고 양자가 화합하는 비극예술이 탄생했다.

아폴론 신은 세계에 규범과 질서를 부여하는 존재다. 그래서 신도들에게 절도를 지킬 것과 이를 위해 자기 자신을 인식할 것을 요구한다. 즉 인간이 신이 아니라 유한한 존재라는 사실을 인식하라는 것이다. 그리스인들에게는 이러한 요구에 따르려는 성향이 있었다.

그러나 그리스인들에게 아폴론적인 성향이 자리 잡기 이전에는 오히려 강력한 비#아폴론적 성향, 즉 자만심에 가득 차서 아폴론적인 규범과 질서를 무시하려는 디오니소스적 성향이 강하게 존재했다. 아폴론적 예술은 이러한 성향과의 투쟁 속에서 탄생한 것이다. 제우스를 비롯한 올림포스 신들이 지배하기 이전에 싸움을 일삼았던 무법적인 거인족들에 대한 신화가 이것을 암시한다.

더 나아가 아폴론적 예술이 구현하는 아름다움과 절도에도 불구하고 그것의 근저에는 삶의 고통과 허망함에 대한 인식이 깃들어 있었다. 즉 그리스인들은 삶의 고통을 느끼는 능력이 유달리 강했기에, 올림포스 신들과 같은 찬란한 꿈의 가상을 만들어낼 수 있었다. 아폴론적 예술은 삶의 고뇌를 강렬하게 느끼는 디오니소스적인 성향에서 나온 것이다.

니체는 디오니소스적인 힘이 원래는 그리스인들 외부에서 몰려왔던 것으로 본다. 디오니소스적인 도취에 사로잡혀 절도를 상실한 채 열광하는 자들의 노래와 몸짓은 아폴론적인 것이 지배하던 그리스 세계에서는 전대미문의 새로운 것이었다. 디오니소스적인 것은 아폴론적인 것을 숭배하던 그리스인들에게 처음에는 도취보다는 공포와 전율을 불러일으켰다.

따라서 디오니소스적인 힘이 외부에서 처음으로 몰려들어왔을 때, 그리스인들은 자신들의 아폴론적인 성격을 오히려 강화함으로써 그것에 대항했다. 바로 이것이 스파르타를 중심으로 발전했던 도리아 문화다. 남성적인 힘과 절도와 균형을 특징으로 갖는 도리아 문화에서 아폴론적인 것은 더욱 견고하고 위압적으로 되었다.

그러나 디오니소스적인 힘이 자신들의 내부에서 용솟음쳤을 때, 그리스인들이 그것에 저항하는 것은 불가능했다. 아폴론적 그리스인들은 디오니소스적인 것이 일으켰던 작용도 '거인적'이고 '야만적'인 것으로 느꼈다. 그러나 그들은 자신들이 파멸한 거인족의 후예라는 사실을 부인할 수 없었으며, 디오니소스적인 것을 전적으로 뿌리치는 것은 불가능하다는 것을 깨달았다.

따라서 그리스인들은 디오니소스적인 힘에서 파괴적인

성격만을 박탈하는 방식으로 아폴론적인 힘과 디오니소스적인 힘을 화해시킬 수밖에 없었다. 니체는 이러한 화해의 순간이야말로 그리스 역사에서 가장 중요한 순간으로 본다. 그 순간이 바로 위대한 그리스 비극이 탄생한 순간이기 때문이다.

그리스 예술의 전개 과정에 대한 니체의 사상을 우리는 이렇게 정리할 수 있다.

첫 번째 단계에서는 거인들의 전쟁이 벌어지고 삶은 투쟁과 지배와 복속으로 규정된다는 가혹한 민간철학이 지배했다.

두 번째 단계에서는 아폴론적인 아름다운 가상을 만들고 싶어 하는 충동에 지배되는 올림포스 신들의 세계가 생겨난다.

세 번째 단계에서는 올림포스 신들의 절도 있는 장려함을 외부에서 밀려오는 디오니소스적인 것의 물결이 삼켜버린다.

네 번째 단계에서는 이러한 새로운 힘에 대항하여 아폴론적인 것이 대두하고 부동의 존엄성을 갖는 도리아 예술과 세계관으로 고양된다.

다섯 번째 단계에서는 아폴론적인 것과 디오니소스적인 것이 융합되는 극형식의 주신찬가Dithyrambus와 비극이 탄생한다.

니체는 그리스 예술은 '아폴론적인 것'과 '디오니소스적인 것'을 결합한 그리스 비극에서 정점에 달한다고 본다. 비극에서 '아폴론적인 것'은 배우들의 연기와 대사를 통해서 표현되는 서사적인 이야기이고, '디오니소스적인 것'은 아폴론적 연극의 배후에서 들려오는 합창이다. 니체는 이렇게 말한다.

> "예술가들은 실로 아폴론적인 꿈의 예술가, 디오니소스적인 도취의 예술가, 마지막으로—그리스 비극의 예에서 보는 것처럼—도취와 꿈을 겸비한 예술가 중의 하나에 불과하다."[5]

합창단은 디오니소스적인 도취를 불러일으키는데, 이러한 도취에서 경험할 수 있는 것은 세계의 가장 내적인 근거인 세계의지다. 비극 작가들은 이 세계의지를 꿈의 형상들로 표현한다. 즉 비극의 영웅들과 그들이 겪는 서사를 통해 표현하는 것이다. 비극에서 배우들의 연기와 대사는 인간의 구체적인 행위와 언어로 표현된 음악을 이미지화한 것이다. 그러므로 비극에서도 결정적인 것은 배우들의 연기보다는 음악이다.

우리는 보통 연극은 배우들이 무대에 나와서 흥미 있는 줄거리를 연기하는 거라고 생각한다. 연극에서 음악이 어떤 본질적인 역할을 한다기보다는 극히 부수적인 역할만을 한다고 생각한다. 즉 음악은 그야말로 연기나 스토리를 효과적으로 전달하기 위한 '배경'에 지나지 않는다고 생각하기 쉽다.

그러나 니체는 음악의 멜로디가 본질이고 스토리나 연기는 그러한 멜로디가 형상화되는 하나의 방식일 뿐이라고 본다. 음악이 사라진 영화나 연극을 생각해보라. 그런 작품은 화면이나 무대의 세계에 사람들을 몰입하게 만드는 힘이 부족할 것이다. 우리를 공포에 빠뜨리는 것은 무서운 장면보다는 무서운 음악이 아니던가.

무대에서는 연기자들의 몸짓과 언어가 지배하지만, 이러한 몸짓과 언어를 지배하는 것은 음악이다. 니체에 따르면 몸짓과 언어는 음악이라는 바다가 일으키는 파도들이다. 이런 의미에서 니체는 "음악 정신에서 비극이 탄생했다"라고 말한다.

니체는 문헌들에 입각하여, 고대 디오니소스 축제에서

디오니소스를 찬양하는 노래를 불렀던 비극 합창단에서 그리스 비극의 기원을 찾는다. 디오니소스 축제 당시 디오니소스의 죽음을 슬퍼하는 동시에 그의 부활을 기뻐하는 합창에서 비극이 태어났다.

디오니소스 축제에서 비극 합창단은 자신들을 디오니소스를 섬기면서 찬양하는 사티로스라고 생각했다. 그들은 사티로스의 흉내를 내면서 디오니소스를 찬양하는 노래를 부르고 춤을 췄다. 도취에 빠지면서 디오니소스가 자신들 가운데 와 있다고 느꼈다. 관객들 자신도 이 사티로스 합창단의 노래를 들으면서 자신들의 개성이 사라지는 것을 경험했다. 그들은 사티로스의 합창을 들으면서 자신을 망각하고 자연의 심장으로 돌아갔다.

그리스인들은 사티로스 합창단의 합창을 들으면서 삶의 공포와 전율에서 벗어났다. 즉 그들은 개별적인 사물들의 근저에 존재하는 근원적인 일자는 현상들이 끊임없이 변화하는 와중에도 불멸의 힘을 지닌 채 환희에 넘쳐 있다는 위안을 받은 것이다. 그리스인들은 아직 어떠한 인식도 이루어지지 않았고 아직 문화의 침투도 받지 않은 자연을 사티로스 안에서 보았다. 이 때문에 사티로스는 그리스인들에게는 인간의 원형이었고, 인간이 가질 수 있는 가장 높고 강렬한 감동의 표현이었다.

"그[사티로스]는 신이 가까이 있다는 사실 때문에 황홀해하며 감격하고 열광하는 사람, 신의 고통을 자신 안에서 반복하면서 함께 괴로워하는 동지, 자연의 가슴 가장 깊은 곳에서 나오는 지혜를 고지하는 자, 그리스인이 언제나 외경심과 경이를 느끼면서 바라보곤 했던 자연의 전능한 생식력의 상징이었다."[6]

그리스인들은 사티로스 합창단의 노래를 들으면서 자신들이 사티로스가 되었다고 느꼈다. 다시 말해 디오니소스와 일체가 된 최고의 인간이 되었다고 느꼈던 것이다. 이런 의미에서 사티로스 합창단은 경험적인 현실을 모방하는 것이 아니라 오히려 우리에게 밀어닥치는 현실에 대한 살아 있는 성벽이다. 그렇다고 삶에서 도피하고 삶을 무시한다는 게 아니라, 삶의 근원적인 진리와 실재를 드러낸다는 의미다. 사티로스 합창단의 노래를 들으면서 사람들이 온몸으로 느끼는 삶의 진리에 비하면, 우리가 통상적으로 실재 자체라고 생각하는 현실이야말로 허위적인 것이다.

비극 합창단은 디오니소스 축제 때 자신들을 사티로스라고 느끼면서 열광하고 도취했던 사람들에 대한 예술적 모방이다. 예술적인 모방이 이루어지는 단계에서 디오니소스적인 마술사들인 합창단과 디오니소스적인 관객들의 분리가 이루어졌다. 그러나 관객과 합창단 사이에 대립은 없었다. 관객들은 자신을 춤추고 노래하는 사티로스라고 생각했다. 그리스의 극장은 관람석이 중심을 향해서 내려가는 반원형 계단식 구조로 되어 있었다. 모두가 무대를 내려다보면서 자기 자신이 합창단의 일원인 것처럼 느낄 수 있었던 것이다.

디오니소스적 황홀경 속에서 죽음을 극복하다

비극 합창은 아직 연극의 형식을 취하고 있지는 않았지만, 이미 연극의 근원적인 현상이 나타나고 있다. 합창단원들은 자신이 연기하는 배역 자체가 되었다고 느낀다. 사람들은 디오니소스적인 마법에 걸려서 자신의 개체성을 포기하면서 스스로 디오니소스 신을 섬기는 사티로스가 된 것처럼 느끼며, 사티로스로서 신을 바라본다. 사티로스로 변신한 가운데 자신의 근원인 세계의지를 디오니소스 신이라는 환영의 형태로 보는 것이다. 사람들은 디오니소스 신이 어떻게 사지를 찢기는 고통을 겪고 부활의 영광을 누리는지를 관조한다.

이처럼 비극은 원래 합창이었을 뿐 연극은 아니었다. 좁은 의미의 연극은 신을 모두가 볼 수 있는 방식으로 표현할 때 시작된다. 이 단계에서 비극 합창단의 역할은 관객을 디오니소스적인 황홀경에 빠뜨리는 것이다. 그러면 관객은 비극의 주인공이 무대 위에 등장할 때 디오니소스의 가면을 쓴 모습이 아니라 디오니소스 자체를 보게 된다. 이와 함께 그리스 비극에서는 아폴론적인 것과 디오니소스적인 것이라는 대립하는 두 요소가 결합하게 된다.

그리스 비극의 가장 오래된 형태인 디오니스소스 축제의 합창에서는 디오니소스의 고뇌만을 표현했다. 그리스 비극이 연극의 형태를 취하게 된 뒤에도 오랫동안 무대 주인공은 디오니소스뿐이었다. 프로메테우스나 오이디푸스 등과 같은 비극적인 영웅들도 사실은 모두 원래 주인공인 디오니소스의 분장에 지나지 않았다. 유일하게 진실로 실재하는 디오니소스가 다양한 형태로, 즉 방황하고 괴로워하는 다양한 의지로 나타난 것이다.

비극이나 음악극을 보는 관객은 자신을 비극적인 주인공, 예를 들면 프로메테우스나 오이디푸스, 지크프리트 등과 동일시한다. 동시에 비극의 주인공을 자신의 총아조차 무자비하게 희생시킬 정도로 힘이 넘치는 디오니소스적 세계의지를 나타낸 일시적인 형상이라고 느끼게 된다.

다시 말해 관객은 주인공의 영광과 몰락이라는 형태로 자신을 표현하면서 유희하는 근원적 일자의 충만한 힘을 경험하면서 그것과 하나가 된다. 현상세계에서 자신이 경험하는 삶의 변화와 고통도 근원적 일자의 자기표현으로 경험하면서 근원적 일자의 생명력과 기쁨을 경험하게 된다. 쇼펜하우어의 근원적 세계의지는 내적인 결핍과 자신에 대한 불만에 사로잡혀 있었던 반면, 니체의 근원적인 세계의지는 기쁨의 원천으로 나타난다.

니체가 말하는 디오니소스 신은 생성과 파괴를 거듭하면서 영원한 창조의 기쁨을 누리는 세계의지이자 자연을 상징한다. 니체는 비극을 통해 디오니소스 신이 우리에게 이렇게 말한다고 본다.

"그대들은 나처럼 존재하라! 현상의 끊임없는 변천 속에서 영원히 창조하고, 인간으로 하여금 생존하도록 강제하며, 현상의 이러한 변천에 영원히 만족하는 근원적인 어머니인 나를!"[7]

비극에 대한 이러한 해석과 함께 니체는 새로운 신화를 제기한다. 그 핵심은 우리가 고통과 고난을 디오니소스 신의 표현으로 느끼면서 건강한 생명력으로 긍정해야 한다는 것이다.

니체는 현상세계를 긍정하면서 그것을 아름다운 것으로 변용하는 최고의 방식이 바로 그리스 비극이라고 본다. 비극은 디오니소스적인 음악을 통해 표현되는 세계의지의 움직임을 비극의 주인공이 겪는 운명이라는 형태로 형상화한다. 이 아폴론적인 형상을 관조하는 관객은 쾌감을 느낀다.

더 나아가 니체는 이러한 사태를 형이상학적으로 해석한다. 관객이 비극을 보면서 느끼는 쾌감은 고통에 사로잡힌 세계의지가 경험하는 쾌감이라는 것이다. 그리고 이러한 쾌감을 통해 세계의지는 자신의 고통에서 해방된다는 것이다.

예술을 통해
삶은 정당화된다

비극 주인공의 파멸은 왜 쾌감을 주는가

니체에게 비극은 어디까지나 '디오니소스적인 것'과 '아폴론적인 것'의 결합이다. '디오니소스적인 것'이 음악이라면, '아폴론적인 것'은 배우들의 연기와 대사를 통해서 표현되는 서사적인 이야기다. 배우들의 연기와 대사는 음악을 인간의 행위와 말로 표현하는 이미지다.

비극은 주인공이 몰락하는 방식을 통해 생존에 대한 탐욕스러운 충동으로부터 우리를 구원하면서 더 높은 삶과 기쁨을 상기시킨다. 자신의 운명과 투쟁하는 주인공이 이러한 기쁨을 예감하고 준비하게 만드는 건 승리가 아니라 몰락이다. 세계의지가 가장 극단적으로 표현된 비극의 주인공이 파멸하는 것을 보면서 우리는 쾌감을 느낀다. 주인 공의 파멸과 함께 그 근원인 세계의지의 생명력으로 되돌 아가기 때문이다.

이때 최고의 환희를 전달하는 건 오직 음악이다. 음악은 비극적 영웅이 겪는 운명에 심금을 파고드는 형이상학적 의미를 부여한다. 음악을 듣는 관객은 사물의 심연이 마치 자신에게 말을 걸어오고, 그 말을 듣고 있는 것처럼 느낀 다. 말과 형상이 주인공의 비극적 운명을 그려내지만 음악 없이는 형이상학적 의미를 획득할 수 없다.

따라서 니체는 비극에서 아폴론적인 것이 차지하는 중 요성을 인정하면서도 비극의 근본적인 토대는 어디까지나 디오니소스적인 음악이라고 본다. 아폴론적인 형상과 줄 거리는 디오니소스적인 음악이 스스로 만들어내는 환영인 것이다. 디오니소스적인 음악의 마력에 홀려서 사람들은 자신들 사이에 디오니소스 신이 와 있다고 느끼면서 근원 적 일자와 하나가 된다.

음악은 주인공의 파멸에도 불구하고 영속하는 세계의 지의 생명을 직접적으로 표현하며, 이러한 생명 속으로 개 체가 몰락하는 것을 찬양한다. 관객은 음악의 도움으로 서사적인 명료성을 지향하는 자신의 아폴론적인 충동이 최고도로 고양되는 것을 의식하게 된다. 그러나 이러한 아폴론적 예술 효과는 아폴론적인 조각이나 서사시가 불러일으키는 고요한 관조 속의 평온한 기쁨과는 분명히 다르다는 점도 느낀다.

관객은 무대 위의 찬란하게 변용된 세계를 보지만 그것을 부정한다. 눈앞의 비극적 주인공에게서 서사시적 명료성과 아름다움을 느끼지만 주인공의 파멸에 쾌감을 느낀다. 주인공의 행위가 정당한 것이라고 느끼지만, 그 행위가 주인공을 파멸시킬 때 훨씬 더 고양된다. 주인공을 엄습할 고통에 전율하면서도 더 강한 쾌감을 느끼게 된다.

디오니소스의 마법은 아폴론적인 충동을 최고로 자극하여 극적인 가상을 만들지만, 아폴론적인 충동의 넘치는 힘을 자신을 위해 사용한다. 비극이 이용하는 아폴론적인 서사는 '모든 개체성의 근원이면서, 그러한 개체성이 몰락하면서 되돌아가는 영원한 세계의지'에 대한 디오니소스적 지혜를 아폴론적 예술 수단으로 형상화하는 것에 불과하다. 비극은 현상세계를 극한으로 끌고 가며, 극한에서 현상세계는 스스로를 부정하면서 참되고 유일한 실재의 품으로 돌아가려고 한다.

음악의 도움으로 관객 안에서 밝음과 아름다움을 지향하는 아폴론적 충동이 고양된다. 그러나 아폴론적 가상을 디오니소스적 세계의지의 자기표현으로 경험하면서, 세계의지와 하나 되는 실마리를 제공받는다. 비극에서 관객은 아폴론적 형상에 머무르는 게 아니라 그것을 통해 세계의지와 하나가 되는 것이다.

반면 아폴론적 예술을 감상할 때는 아폴론적 형상에 머무르면서 그것을 관조하는 기쁨에 빠진다. 조형예술은 아폴론적 가상의 찬란한 아름다움을 관조함으로써 삶의 고뇌를 극복하는 것이다. 여기서는 아폴론적 가상의 아름다움이 삶의 고뇌를 이긴다.

비극의 본질은 가상이나 아름다움과 같은 아폴론적 범주로 이해할 수 없다. 사람들이 비극을 보면서 경험하는 '개체의 파멸에서 느끼는 기쁨'은 음악의 정신으로 봐야 비로소 이해된다. 디오니소스적 음악이야말로 개별화의 원리 배후에 있는 저 전능한 세계의지, 모든 현상의 피안에 존재하며 어떠한 파멸에도 굴하지 않는 충일한 생명력을 표현하는 예술이다. 비극을 보고 우리가 형이상학적 기쁨을 느끼는 이유는 음악을 통해 개시되는 디오니소스적인 지혜가 아폴론적 형상의 언어로 번역되어 있기 때문이다.

아폴론적인 것이 자신의 의도를 위해, 서사를 최고로 명료하게 드러내기 위해 음악을 사용한다는 점은 분명하다. 그래서 비극에서 아폴론적인 것은 기만을 통해 디오니소스적 근본 요소인 음악에 완전한 승리를 거둔다. 사실 관객은 음악은 의식하지 못하고 눈앞에서 펼쳐지는 아폴론적인 서사, 즉 비극적 영웅이 삶의 정점에 올랐다가 밑바닥으로 몰락하는 줄거리만 의식하기 때문이다.

그러나 디오니소스적인 음악은 가장 본질적인 점에서 아폴론적인 기만을 파괴한다. 크게 보면 디오니소스적인 것이 다시 우위를 획득하기 때문이다. 비극은 아폴론적 예술의 왕국에서는 절대로 울려 퍼질 수 없는 음향과 함께 끝나지 않는가. 그리고 이와 함께 아폴론에 의한 기만의 정체가 폭로된다. 즉 아폴론적인 것은 비극이 공연되는 동안에만 본래의 디오니소스적 효과를 가리는 베일이라는 사실이 증명된다. 디오니소스적 효과는 너무나 강력해서, 끝에 가서는 아폴론적 연극 자체가 디오니소스적 지혜를 가지고 말하기 시작한다. 디오니소스는 아폴론의 언어로 말하지만, 마지막에 가서는 아폴론이 디오니소스의 말을 한다.

관객은 눈앞에서 전개되는 사건에 몰입하지만, 음악을 배경으로 들으면서 마치 자신들이 가장 심오한 사물의 내면을 직접 경험하는 것처럼 느끼게 된다. 음악은 전면에서 배경으로 밀려나지만, 신화적 줄거리와 대사 그리고 장면은 음악을 통해 심오한 의미를 갖게 된다.

그리스 음악 정신과 바그너

디오니소스 축제 때 울려 퍼졌던 음악은 어떤 것이었을까? 도대체 어떤 음악이었기에 사람들을 그렇게 광란과 난무 그리고 도취에 빠뜨렸을까? 그 음악은 사라지고 없다. 그런데 니체는 디오니소스적인 음악이 당대의 바그너 음악에서 부활했다고 본다. 그래서 디오니소스 축제 때 울려 퍼졌던 음악이 어떤 것인지 알려면 바그너의 음악을 들어보라고 말한다.

여기서 분명히 해두어야 할 것이 있다. 음악이 디오니소스적인 것을 구현하는 가장 대표적인 예술이지만, 그렇다고 해서 니체가 모든 음악을 다 디오니소스적인 것으로 본 것은 아니라는 사실이다. 니체는 자기 시대의 음악이 대부분 디오니소스적인 것이라는 심원한 근원에 뿌리내리지 못하고 일상의 세계를 모방할 뿐이라고 보았다. 그래서 음악은 사람들을 사로잡고 전율케 하면서 변화시키는 창조적인 힘을 상실해버렸다. 음악은 더 이상 일상 이면의 근원적인 일자를 표현하지 않는다. 오직 바그너 음악이 디오니소스적인 생명력을 표현하고 있다.

니체는 『비극의 탄생』에서 그리스 비극의 기원을 단순히 학문적으로 탐색하는 것을 넘어 그리스 비극의 정신을 회복할 것을 주창한다. 니체는 당시 유럽 문명이 타락했다고 보았다. 유럽인들이 탐욕에 사로잡혀 있고 오락과 향락에 취해 있다는 것이다. 또한 대부분의 예술은 아무런 사명 의식도 갖지 못한 채 천박한 시대적인 조류에 아부하는 경향이 있었다. 그는 이를 극복하기 위해 그리스 비극 정신의 회복이 필요하다고 보았다. 그리고 바로 그 정신이 바그너의 음악에서 부활했다고 보았다.

이런 의미에서 『비극의 탄생』은 그리스 비극의 근원을 형성하는 음악과 그 근저에 존재하는 비극 정신 그리고 이것들을 부활시킨 바그너 음악의 본질에 대한 탐구다. 니체는 바그너의 음악극Musikdrama을 통해서 물질주의와 이기주의, 경제적 공리주의, 군국주의로 손상된 독일 정신을 각성시키려고 했다.

니체는 이를 극복하기 위해서는 새로운 신화를 통해 사람들을 하나의 공동체적 전망 아래 통합하는 것이 필요하다고 보았다. 인간은 오직 신화를 통해서만 목적 없이 방황하는 위험에서 벗어날 수 있기 때문이다. 신화는 무의미한 세계에 의미를 부여한다. 신화를 갖지 못한 근대인은 뿌리와 고향을 상실한 인간이다. 근대 이전의 유럽인들에게 삶의 의미와 방향 그리고 살아갈 힘을 부여했던 신화는 그리스도교였다. 그런데 그리스도교는 근대 과학이 출현하면서 설득력을 상실하게 되었다.

니체 당시의 그리스도교처럼, 그리스 사회에서는 올림포스 신들에 대한 신앙이 사람들을 사로잡는 힘을 상실한 채 진부하고 일상적인 관습으로 전락하고 있었다. 그리스인들은 삶의 방향과 목표를 상실할 위험에 처해 있었다. 이처럼 올림포스 신들에 대한 신앙이 사멸하기 직전에 그리스 비극이 탄생했다.

그리스 비극은 사멸해가던 올림포스 신화에 다시 생명력을 불어넣으면서 사람들에게 삶의 방향과 굳건한 토대를 부여했다. 사람들은 디오니소스 찬가를 듣고 그리스 비극을 보면서, 원래 올림포스 신화로 표현되었지만 잊고 있던 근원적인 생명력을 다시 경험할 수 있었다.

니체는 근대 과학이 그리스도교를 해체한 것 자체는 긍정적으로 본다. 그러나 문제는 근대 과학이 그리스도교를 비롯한 모든 신화를 과학 이전의 원시적인 것으로 치부하면서 파괴할 뿐, 사람들에게 어떠한 삶의 방향과 힘도 줄 수 없다는 데에 있다. 모든 것이 기계적인 인과법칙에 따라서 움직인다고 보는 자연과학은 사람들의 삶에 의미와 방향을 제시할 수 없다.

니체는 신화 없이 사는 인간을 '추상적 인간'이라고 부르고, 신화에 의해 규정되지 않는 교육과 풍습 그리고 국가를 '추상적 교육'과 '추상적 풍습' 그리고 '추상적 국가'라고 부른다. 물론 그렇다고 해서 근대인들이 올림포스의 신들이나 그리스도교의 신과 같은 인격신을 부활시키는 방식으로 신화를 만들 수는 없다. 근대 과학이 신화적인 종교들에 치명적인 타격을 가한 이래로 신화는 다른 형태를 취할 수밖에 없다.

이러한 신화는 과학이 드러내는 세계인 현상세계의 이

면의 실재인 우주적인 의지를 표현하는 것이어야 한다. 그리스인들이 디오니소스 신이라는 이름으로 부르면서 디오니소스 찬가와 함께 찬양했던 것도 결국 이러한 우주적인 의지다.

바그너는 자신의 음악극에서 지크프리트 신화나 니벨룽겐의 반지와 같은 게르만의 신화를 사용했다. 니체는 바그너가 게르만의 건강하고 영웅적인 신화에 깃들어 있었지만 그동안 잊혔던 디오니소스적인 생명력을 일깨웠다고 보았다. 디오니소스적인 음악은 사멸 직전의 그리스 신화를 소생시키면서 그리스인들에게 새로운 활기를 부여했다. 이와 마찬가지로 현대의 디오니소스적인 음악인 바그너의 음악은 이기주의적인 경제주의와 찰나적인 향락에 빠져 있던 독일인들에게 청신하고 건강한 정신을 불러일으킬 수 있으리라.

니체는 이렇게 엄청난 기대를 걸 정도로 바그너의 음악뿐 아니라 인간 바그너에게까지 매료되었다. 나중에는 바그너를 신랄하게 비판하지만, 바그너는 니체 정도의 인물을 한때나마 매료할 수 있었던 유일한 인물이었다. 그리고 이것은 니체가 바그너 때문에 자신의 독립성을 상실할 수 있다고 두려움을 느꼈을 정도로 위험한 것이기도 했다.

『비극의 탄생』서문은 바그너에게 직접 건네는 말이며, 본문의 스물다섯 장 가운에 후반 열 장은 바그너에 대한 찬사다. 그리스 비극 정신이 게르만의 원초적인 정신과 상통하며, 바그너의 음악은 이러한 게르만 정신을 회복했다고 했다.

바그너에 대한 청년 니체의 이러한 견해는 사실 바그너가『예술과 혁명』에서 펼친 견해였다. 바그너는 이 책에서 그리스도교와 자신의 시대 그리고 예술의 사명에 대해 니체와 동일한 견해를 피력했다. 니체와 마찬가지로 바그너도 그리스도교는 근대인들의 삶에 더 이상 의미와 방향을 부여할 수 없다고 보았다. 바그너 역시 근대에 들어와 과학의 공격으로 그리스도교의 신은 죽었다고 보았다.

더 나아가 바그너는 그리스도교가 사람들을 병적이고 허약하게 만든다고 했다. 그리스도교는 현실의 삶을 죄와 고통으로 가득 찬 삶으로 폄하하고 지상의 모든 것을 경멸하면서 빈곤, 겸손, 체념을 설파한다는 것이다. 또한 바그너는 니체와 마찬가지로 그리스도교를 로마 시대에 노예였던 자들의 이데올로기로 간주한다. 더 나아가 바그너는 근대인들 역시 노예 상태에 있다고 본다. 다만 근대인들은 돈의 노예라는 점이 다를 뿐이다.

바그너는 그리스도교의 신은 무력해졌지만, 인간은 여전히 형이상학적이고 종교적 욕구를 갖고 있기 때문에 새로운 신과 신화를 창조해야 한다고 보았다. 신화는 인간의 탄생과 죽음, 사랑과 권력 같은 인간의 영원한 문제에 해답을 제시한다. 근대인들은 이러한 문제들에 답하면서 삶의 의미와 방향을 부여해줄 새로운 신화를 필요로 한다. 이러한 신화는 예술만이 제공할 수 있기 때문에 새로운 문화에서 예술은 중심적인 지위를 차지한다.

바그너는 니체와 마찬가지로 이러한 혁신은 그리스의 문화와 정신을 기준으로 수행되어야 한다고 생각했다. 바그너는 그리스 문화의 정점을 아이스킬로스와 소포클레스의 비극에서 찾았다. 이들 작품이 자유롭고 강력하며 아름다운 그리스적 인간을 표현하고 있기 때문이다. "자유롭고 강하며 아름답다"라는 말은 바그너의 책들에서 거듭해서 나온다. 그는 자신의 오페라 〈니벨룽겐의 반지〉 속 지크프리트를 통해서 '자유롭고 강하고 아름다운 정신'이 어떤 정신인지를 당대 사람들에게 분명하게 보여주려고 했다.

물론 바그너는 그리스 시대에 노예제가 있었다는 사실을 간과하지 않는다. 따라서 바그너는 당대인들이 단순히 고대 그리스 사회와 동일한 사회를 건설해야 한다고 주장하는 게 아니다. 바그너는 고대의 회복을 원하는 것이 아니라 모든 인간이 형제가 되는 혁명을 희망했다. 바그너는 권위주의적인 전제정치와 소수의 부자와 다수의 무산자로 이루어진 '문명화된 야만 상태'가 곧 끝날 것이라고 보았다.

그리고 노예적인 노동이 기계로 대체되면서 모든 인간이 자유롭고 창조적으로 살 수 있는 시대가 머지않아 도래할 것이라고 믿었다. 니체 역시 『비극의 탄생』에서 바그너와 유사한 희망을 내비쳤다. 디오니소스적인 도취 속에서 만물이 형제자매가 된다고 말했다.

아름다움이 실현되는 새로운 왕국에서 비극은 춤과 시 그리고 음악의 종합예술로 다시 문화의 중심점이 되고, 사람들은 비극을 보면서 '자유롭고 강하고 아름다운' 자신을 깨닫고 자신을 실현할 것이라고 바그너는 믿었다. 사람들은 위대한 사랑의 구현을 위해 자신을 기꺼이 희생할 수 있는 인간으로 다시 태어날 것이다. 이런 의미에서 비극은 인류가 거듭나는 축제가 될 것이다.

음악가는 세계의 본질을 드러내는 형이상학자다

바그너는 당대의 예술은 사람들에게 새로운 신화를 제시하기보다는 삶의 스트레스와 피로를 풀어주는 마취제 역할을 하고 있을 뿐이라고 보았다. 그는 오직 자신의 음악극만이 새로운 신화를 제시한다는 과제를 제대로 수행할 수 있다고 했다. 바그너는 당시 바이에른의 황제였던 루드비히 2세의 재정적 도움을 받아 자신의 음악극만 공연할 수 있는 극장을 바이로이트에 건설했다. 그는 바이로이트 극장이 독일 문화와 유럽 문화를 혁신하는 기폭제가 되어야 한다고 생각했다.

원래 바그너는 자신의 이상을 실현하기 위해서는 사회 혁명이 필요하다고 보았다. 따라서 그는 유명한 무정부주의자였던 미하일 바쿠닌과 함께 독일의 드레스덴에서 1849년에 일어났던 시민혁명에 참여했다. 그러나 이 혁명은 실패로 끝났고 바쿠닌은 체포되어 종신형을 받았으며, 바그너는 체포를 피해 스위스로 망명했다.

바그너는 사회혁명을 통해 인류를 구원할 수 있다고 보았으며 음악을 그러한 혁명운동의 일환으로 보았다. 그런데 쇼펜하우어의 『의지와 표상으로서의 세계』를 읽게 되면서 바그너는 정치를 통해 인류를 구원한다는 생각에 회의를 품게 되었다. 그는 이 책을 통해 인생과 세계의 비밀 그리고 음악이 나아가야 할 방향에 대한 해답을 얻었다고 생각했다. 쇼펜하우어는 정치를 포함한 모든 사건을 사소한 일로 치부하면서, 예술, 그중에서도 특히 음악을 인간의 모든 활동 가운데 가장 중요한 활동으로 간주했다. 쇼펜하우어의 이러한 사상에서 바그너는 자신이 앞으로 추구해야 할 음악에 대한 영감과 확신을 얻었다.

쇼펜하우어의 예술철학으로 인해 바그너는 자신이 하는 작업의 본질을 분명하게 인식할 수 있었다. 이러한 인식이 없었다면 바그너는 그렇게 큰 자신감과 확신으로 자신의 음악을 펼칠 수 없었을 것이라고 영국의 철학자 브라이언 매기는 말했다. 바그너는 쇼펜하우어의 철학을 발견한 후부터 죽을 때까지 "그에게 얼마나 감사를 표해야 할지 모르겠다"라고 말했다고 한다. 〈트리스탄과 이졸데〉, 〈뉘른베르크의 명가수〉, 〈신들의 황혼〉, 〈파르지팔〉은 쇼펜하우어의 철학에서 받은 영감을 토대로 한 것이었다. 브라이언 매기는 쇼펜하우어가 없었다면 바그너는 〈트리스탄과 이졸데〉와 〈파르지팔〉을 작곡할 생각도 할 수 없었을 것이라고 말한다.

『의지와 표상으로서의 세계』를 처음 접했던 그해에 바그너는 그 책을 네 번이나 읽었다. 1858년에는 〈트리스탄과 이졸데〉의 2막을 쓰다가 병이 났는데, 건강 회복을 위해 쇼펜하우어의 책을 읽었고, 심지어 쇼펜하우어와 관련된 꿈까지 꾸었다. 〈트리스탄과 이졸데〉의 악보는 철저하게 쇼펜하우어의 영향을 받은 것이었다.

〈트리스탄과 이졸데〉에 나오는 트리스탄의 노래에서 트리스탄은 자신과 이졸데를 밤의 숭배자라고 부르면서, 밤의 세계를 낮의 세계와 대비한다. 낮의 세계는 개체화의 원리가 지배하는 세계로, 사람들 사이의 질투와 갈등 그리고 거짓이 지배하는 현상세계를 상징한다. 이러한 현상세계에서 사람들이 쟁취하려고 하는 온갖 명성과 영예는 햇빛에 비치는 먼지의 반짝임처럼 찰나에 불과하다. 이에 반해 트리스탄과 이졸데는 죽음을 통해 모든 것이 사랑 속에서 하나가 되는 밤의 세계로 들어가려고 한다.

쇼펜하우어의 영향을 받고 바그너는 오페라에서 음악의 역할을 결정적인 것으로 간주하게 된다. 쇼펜하우어의 영향을 받기 전의 바그너는 가사가 관객들에게 확실하게 전달되는 것을 중시했기 때문에, 배우들이 가사를 분명히 발성해야 하는 방식으로 작곡했다.

그러나 바그너는 이제 가사보다 음악을 더 중시하게 된다. 진행되는 사건의 내적 의미를 전달하는 역할은 연기나 가사가 아니라 오케스트라가 맡게 되는 것이다. 즉 바그너는 음악과 가사 사이의 관계는 동등하지도 상호보완적이지도 않다고 생각하게 되었다.

이러한 사실은 동일한 멜로디에 완전히 다른 가사가 붙더라도 그 멜로디의 성격이 조금도 변하지 않는다는 사실로 입증된다. 멜로디는 독자적인 생명을 갖지만, 가사는 절대 그럴 수 없다. 또한 어떤 노래를 배우고 난 뒤에 가사는 잊어버리더라도 멜로디를 잊어버리는 경우는 거의 없다. 반면 멜로디는 기억하면서도 가사는 잊어버리는 경우는 흔하다. 따라서 가사가 붙은 음악을 부를 때 청중들의 심장 깊숙한 곳까지 강한 인상을 남기는 것은 음악이다. 니체는 배우의 연기나 대사 그리고 음악의 가사는 음악에 비하면 부차적이라고 보았다.

니체는 나중에 바그너와 결별하게 된다. 그러나 결별하기 전의 니체와 바그너는 똑같이 쇼펜하우어 철학에 매료되어 있었고, 둘은 쇼펜하우어에 대해 많은 대화를 나누었다. 앞서 쇼펜하우어와 바그너를 아주 간략하게 고찰했지만, 이러한 고찰만으로도 니체가 『비극의 탄생』에서 두 사람의 사상을 얼마나 적극적으로 원용했는지 알 수 있다. 더 나아가 『비극의 탄생』은 쇼펜하우어와 달리 생과 세계를 긍정하면서, 쇼펜하우어의 형이상학과 예술철학을 바그너의 음악 사상과 독창적으로 결합하는 작품으로도 볼 수 있다.

니체의 문제의식에 영향을 미친 당시의
시대적 환경은 어떠했는가?

　　니체가 살던 시대는 "신은 죽었다"라는 니체의
말이 시사하는 것처럼 기독교가 사람들의 삶을 지
배하던 힘을 상실하던 시기다. 자연과학과 기술
이 급속도로 발달하기 시작하면서 사람들은 기독
교에 대한 신앙을 잃게 되었다. 그러나 물질문명
의 번영과 함께 물질주의와 쾌락주의가 만연하게
되었다.

　　이 시대는 또한 독일뿐 아니라 유럽 전역에서 민

족주의의 물결이 거세게 일어나고 더 나아가 제국주의가 위세를 떨치던 시대다. 사람들은 한편으로는 물질주의와 쾌락주의에 빠져 있으면서도 이러한 삶이 가져다주는 공허감을 국가에 대한 숭배를 통해서 메우려고 했다. 그리스도교의 신 대신에 국가와 민족이 새로운 신으로 나타나게 된 것이다.

그러나 니체는 근대국가란 정의나 평등이나 자유와 같은 슬로건을 내세워도 결국 그것이 추구하는 것은 부와 부를 통한 제국주의적 권력뿐이라고 보았다. 국가는 이를 위해 국민들에게 일찍부터 기술 교육을 시키고 국민들을 국가를 위한 나사 부품으로 만들려고 한다.

다른 한편 근대국가에서는 물질문명의 발달과 함께 빈부격차도 심화된다. 이에 따라 근대국가에서는 상류층에 대한 민중의 원한과 시기심을 이용하여 권력을 잡으려는 사회주의자들과 무정부주의자들이 창궐하게 된다.

니체는 자기 시대를 규정하고 있는 이러한 물질주의와 쾌락주의, 민족주의와 제국주의, 그리고 사

회주의와 무정부주의와 대결하면서 자신의 독자적
인 사상을 전개했다.

니체는 당시의 주된 사조와 예술적 경
향을 어떻게 보았는가?

"예술을 통해서만 삶이 정당화된다"라거나 "예
술을 삶의 자극제"라고 말한다고 해서 니체가 모
든 예술을 그렇게 본 것은 아니다. 니체가 보기에
삶을 정당화하고 삶의 자극제가 되는 예술은 오히
려 극소수였다. 니체는 특히 당대에 유행하던 자
연주의와 유미주의를 신랄하게 비판했다. 이중
특히 니체의 예술관과 가장 대립하는 것은 자연주
의 예술관이다.

   에밀 졸라나 콩쿠르 형제와 같은 자연주의자는
인간은 모든 주관적 관점에서 벗어나서 세계를 있
는 그대로 관찰할 수 있다고 생각한다. 그러나 니
체에 따르면 인간의 세계 관찰은 모두 힘을 향한

의지라는 생리적인 상태를 반영한다. 힘을 향한 의지가 병들어 있는 인간은 세계를 아름답게 보지 못한다. 힘을 향한 의지가 강한 인간만이 세계를 아름답게 본다. 따라서 세계를 있는 그대로 고찰하고 관찰 자체만을 위해서 관찰한다는 것은 사실은 약화된 생명력의 표현이다. 그것은 세계를 아름다운 것으로 볼 수 있는 능력을 상실한 자들이 세계를 보는 방식이다.

타고난 심리학자나 타고난 화가는 보기 위해서 보는 것을 경계한다. 그들은 결코 자연 그대로 묘사하지 않는다. 그들은 자연, 사건, 체험을 걸러내며 그렇게 걸러내는 일을 자신들의 본능에 맡긴다. 진정한 예술가는 사물과 세계를 그대로 반영하는 것이 아니라 변모시키고, 자신의 충만하고 완전한 힘에 상응하게 사물과 세계를 완전하게 만든다. 니체는 이러한 변모를 '이상화'라고 부른다. 이러한 이상화는 사소한 것을 제거하는 것이 아니라 오히려 사물과 세계의 근본적인 특징을 드러내며, 이와 함께 사소하고 보잘것없는 것은 저

절로 사라지게 한다.

니체는 또한 '예술을 위한 예술'을 주창하는 유
미주의도 비판한다. 유미주의는 예술과 도덕을
분리하려고 하면서 도덕과 무관한 순수한 아름다
움이 있다고 본다. 그러나 니체는 예술은 우리의
삶을 떠나서 존재할 수 없다고 본다. 삶은 자신의
고양과 강화를 위해서 항상 모든 것을 평가한다.
다시 말해 그것은 자신의 고양과 강화에 유리한
것은 좋은 것으로, 그렇지 않은 것은 나쁜 것으로
평가한다.

예술 역시 삶에 바탕을 두고 있기에 항상 어떤
현상을 찬양하고 칭송함으로써 가치판단을 행한
다. 이러한 가치판단을 떠나서 순수한 아름다움
만을 추구하는 삶은 언뜻 보기에는 고상하게 보이
지만 사실은 생명력을 상실한 병든 삶이다. 가치
판단이란 예술에 부수적인 현상이 아니라 오히려
예술이 진정한 예술이 되기 위한 필수적인 조건이
다. 예술이란 삶의 자극제다.

『비극의 탄생』을 쓸 당시의 니체는 바그너 음

악이야말로 진정한 삶의 자극제라고 생각했다. 그러나 나중에는 바그너의 음악은 생명력을 강화하기보다는 사람들을 마취할 뿐이라고 보았다.

　니체는 이러한 예술사조들과 대결하면서 자신의 독자적인 예술철학을 발전시켰다.

2부_____

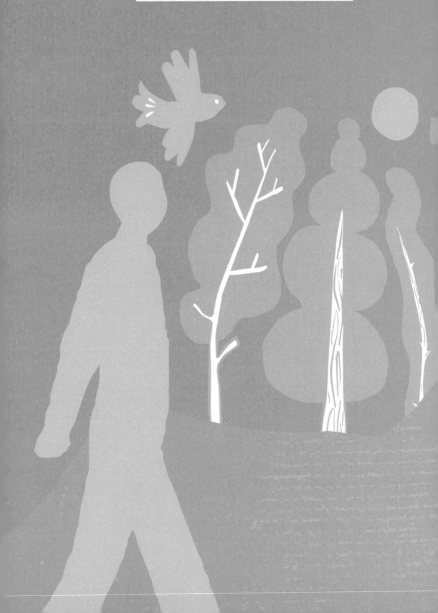

예술은

위대한

삶의

자극제이다

비극은 삶의 비참함과 허망함을 표현함으로써 욕망을 버리라는 가르침을 주는 게 아니다. 비극이 주는 메시지는 건설과 파괴를 거듭하면서 놀이하는 세계의 충일한 생명력을 닮으라는 것이다. 이러한 세계의 생명력은 운명의 장난으로 급격하게 비상했다가 급격하게 추락해버리는 비극 주인공의 삶으로 나타난다. 비극 주인공은 비참한 운명에도 불구하고 자신의 삶을 받아들인다.

비극을 통해
생명력의 고양을 경험한다

니체가 사유하는 과정에서 대결했던 괴물은 니힐리즘과 염세주의다. 니체는 그리스도교의 붕괴 이래 근대인들이 니힐리즘에 빠졌다고 보았다. 니힐리즘은 삶과 세계에서는 아무런 목적도 의미도 없이, 모든 것이 덧없이 생성되고 소멸할 뿐이라고 보는 사상이다. 니힐리즘은 당연히 염세주의로 귀착된다. 사람들은 아무런 목적도 의미도 없이 결국은 허망한 죽음으로 귀착되는 삶에 대해 염세주의에 빠질 수밖에 없는 것이다.

니체는 자신의 철학뿐 아니라 모든 종교와 철학은 물론이고 예술과 과학도 염세주의와 대결한다고 본다. 따라서 그리스 비극 역시 그리스인들이 뼈저리게 절감하고 있었던 삶의 잔혹함과 무상함 그리고 어두움과의 대결이다. 니체가 그리스 비극이 갖는 이러한 염세주의와의 대결이라는 성격을 얼마나 중시하고 있는지는『비극의 탄생』신판에 덧붙인 새로운 제목과「자기비판의 시도」라는 서문에 분명히 드러난다.

1872년에 출간된『비극의 탄생』초판에는 '음악 정신으로부터의 비극의 재탄생'이라는 제목이 붙어 있었다. 그러나 1886년에 출간된 신판에는 '비극의 탄생 또는 그리스 문명과 염세주의'라는 제목이 붙었다. 초판과 신판의 제목에서 보듯『비극의 탄생』에서는 음악과 비극 그리고 염세주의가 문제 되고 있다. 그런데 음악과 비극은 무슨 관련이 있으며, 또 그것들은 염세주의와 무슨 관련이 있는가?

니체는『이 사람을 보라』에서『비극의 탄생』이 바그너 숭배에 이용되었다고 말한다. 심지어 니체는 이 책이 '음악 정신으로부터의 비극의 재탄생'이라는 제목으로 여러 번 인용되는 것을 보았다고 말한다. 이 경우 사람들은 음악 정신으로 바그너의 음악을 염두에 두고 있었다. 따라서 사람들은 이 책에서 바그너의 예술과 의도 그리고 과제가 갖는 새로운 형식에 대해서만 귀를 기울인 채 그 책의 근저에 포함된 가치 있는 것은 간과하고 말았다. 니체는 신판의 제목인 '그리스 정신과 염세주의'가 이 책이 의도하는 바를 더 적절하게 표현한다고 보았다.

그리스인들은 지금부터 2천5백여 년 전에 비극경연대회를 열었다. 아마도 2천5백 년 전에 비극경연대회와 같은 문예 경연을 연 곳은 그리스뿐일 것이다. 스포츠 경기인 올림픽 경기를 넘어서 비극 경연까지 벌였으니 그 당시 그리스 문명의 수준이 얼마나 높았는지 추측할 수 있다.

니체는 이러한 경연대회에서 인정받기 위한 그리스인들의 치열한 경쟁에서 위대한 비극 작품들이 나올 수 있었다고 본다. 그리스 비극 작가들을 비롯한 그리스인들은 공명심과 승부욕이 지극히 강한 자들이었다. 그들은 우승을 목표로 시를 지었다. 그리스도교가 서양을 지배하게 된 이래로 서양의 종교와 철학은 공명심과 승부욕보다는 겸손과 양보 그리고 사랑의 덕을 강조해왔다. 이것은 동양의 주류 철학이었던 유교와 불교 그리고 도가도 마찬가지다. 이들 역시 공명심과 승부욕을 허망한 탐욕으로 간주하면서 안빈낙도安貧樂道를 설파하고, 온갖 욕심에서 벗어난 맑고 고요한 마음 상태를 구현하라고 요구한다.

그러나 니체는 공명심과 승부욕이 없었더라면 인간은 능력을 최대한으로 발휘할 수 없었을 것이며, 문명의 발달도 생각할 수 없다고 본다. 바로 이 점에서 니체는 동서양 철학을 통틀어 최대의 이단아라고 부를 수 있다.

사람들은 기존의 모든 사회를 지배 계급이 비지배 계급을 착취하는 사회로 보면서 모든 계급사회의 전복을 주창한 마르크스의 철학이야말로 서양철학에서 가장 이단적이라고 생각할지도 모르겠다. 그러나 니체는 마르크스주의는 그리스도교적인 가치관을 벗어나지 못했다고 보았다. 니체가 보기에 마르크스주의 철학은 그리스도교의 아류에 불과했다.

물론 마르크스는 그리스도교의 인격신을 허구라고 보았다. 그러나 그 역시 그리스도교와 마찬가지로 공명심과 승부욕을 배격하면서 자신이 지향하는 공산주의 사회에서는 경쟁과 승부욕 대신에 사랑과 연대가 지배할 것을 기대했다. 이 점에서 니체는 마르크스 사상을 비롯한 모든 평등 사상은 그리스도교의 연장이라고 본다.

그렇다고 해서 니체가 모든 종류의 공명심과 승부욕 그

리고 그것들에 수반되는 질투와 시기심을 긍정하는 것은 아니다. 약하고 무능한 자가 자신보다도 우월한 자를 시기하면서 음험한 복수를 획책할 때, 그러한 시기는 악한 것이다. 이런 사람은 자신이 불우하게 사는 것은 자신이 정직하고 선했기 때문이라고 생각하면서, 자신보다 우월한 자는 이기적이고 악한 자라고 생각한다.

니체는 이러한 종류의 질투와 시기심은 부정한다. 어떤 사람이 자신보다 우위에 있는 것은 그가 자신보다 뛰어난 존재이기 때문이라고 생각한다. 그리고 우위에 있는 자를 따라잡기 위해 진력한다면, 그런 질투와 시기심은 선한 것이다.

'시기심'이라는 말은 나쁜 뉘앙스를 가지므로 니체가 여기서 말하는 선한 시기심은 '선의의 경쟁심'이라고 부르는 게 좋을 것 같다. 니체는 그리스인들이 시와 건축, 철학, 정치 등에서 눈부신 업적을 이룬 것은 그리스인들 사이에 선의의 경쟁심이 강력하게 지배했기 때문이라고 본다. 창조란 경쟁의 산물이며, 창조적 힘이란 상대방에게 승리를 거두려는 승부욕이 승화된 것이다.

니체에 따르면 고대 그리스인들은 잔인한 민족이었다.

이들은 니체가 『도덕의 계보』에서 말하는 금발의 야수와 같은 자들이었다. 금발의 야수들은 아무런 양심의 가책도 없이 자신들이 정복한 민족을 살육하고 강간했다. 호머의 『일리아드』에서 아킬레스는 트로이의 장군 헥토르를 죽인 후 시체를 마차에 매달고 달리는데, 여기서 그러한 잔인성과 야수성을 엿볼 수 있다. 그리스인들은 다른 민족을 야만인이라고 부르면서 그들을 철저하게 지배하고 정복하려고 했다.

그러나 그리스 문화는 잔인성과 야수성을 정치나 사회, 예술 등 삶의 모든 부분에서 일어나는 경쟁으로 승화했다. 지배욕과 정복욕도 자기들 사이에서는 평화적이고 공정한 방법으로 우위를 차지하려는 선의의 경쟁심으로 전환한 것이다.

지배욕과 정복욕이 다른 민족에 비해 훨씬 강했던 만큼 그들 사이에서의 경쟁도 아주 치열했다. 그들은 시나 비극의 창작 혹은 웅변이나 철학에서 최고가 되려고 했으며 이러한 과정에서 탁월한 작품들을 창조할 수 있었다. 아울러 이들의 강렬한 공명심은 조국이 위기에 처했을 때는 앞을 다투어 나가서 외적과 싸우는 애국심이 되었다.

그리스인들은 경쟁과 투쟁을 인간사회뿐 아니라 우주를 지배하는 원리로 보았다. 이러한 생각은 "투쟁은 만물의 아버지"라고 말한 헤라클레이토스의 사상에서 잘 드러난다. 모든 것이 경쟁과 투쟁을 통해 끊임없이 생성하고 변화하는 우주가 바로 그리스인들이 생각하는 우주였다. 경쟁과 투쟁이 사라진 세계는 조화롭고 평화로운 세계가 아니라 죽은 세계라는 것이다.

힘을 향한 의지는 곧 생명의 의지다

이런 맥락에서 니체는 후에, 힘을 향한 의지를 인간과 뭇생명의 삶뿐 아니라 우주의 원리로 보았다. 힘을 향한 의지야말로 인간을 비롯한 모든 사물에 깃든 근본적인 욕망이다. 이것은 다른 것들 위에 서서 자신이 탁월하고 강한 존재임을 느끼고 싶어 하는 의지다. 모든 인간의 내면에는 선의든 악의든 이런 의지가 작용하는데, 특히 악의적인 의지가 득세하는 경향이 있다.

선의의 힘을 향한 의지는 이왕이면 최소한 자신과 대등하거나 자신보다 우월한 자와 대결함으로써 자신을 고양하고 강화하려는 의지다. 이러한 의지는 상대가 자신보다 우월할 경우에는 흔쾌히 상대방의 우월함을 인정하고 그에게서 배우려 한다. 그리고 자신이 승리했을 때는 상대방에게 관용을 베푼다. 자신의 적을 존중할 줄 안다.

이에 반해 악의적인 힘을 향한 의지는 자신보다 약한 자들만을 찾아서 괴롭히고 지배하려는 의지다. 오늘날 우리 사회에서 '갑질'이라고 불리는 것이 바로 그 예다. 자기보다 불리한 처지에 있는 사람을 통해 자신의 강함을 손쉽게 느끼고 싶어 하는 비겁한 의지다. 자기보다 강한 자와의 대결을 통해 자신을 고양하거나 강화하려고 하지 않기에 아무런 발전도 없다.

세상에는 흔히 악의적인 의지가 판치기에 이 세상은 비극이다. 사람들은 다른 부족이나 민족을 정복하고 그들을 노예로 삼으려고 하며, 자신의 부족이나 민족끼리도 약한 자들을 착취하고 약탈하려고 한다.

니체 연구자들은 이런 니체의 사상을 의지에 대한 쇼펜하우어의 사상과 다윈의 진화론을 종합한 것으로 보았다. 쇼펜하우어는 우리 인간을 이성적이라기보다는 욕망의 존재라고 보았으며, 다윈 역시 자신의 생존을 위해 다른 생물들과 투쟁하는 존재라고 보았다. 그러나 니체의 사상은 고전문헌학자로서 그리스 문화에 천착했던 청년 니체가 가졌던 사상을 발전시킨 것이다. 심지어 니체는 그리스의 철학자들에게서도 자신이 말하는 힘을 향한 의지를 보았다.

철학자들은 인간과 세계에 대한 탐구를 통해 사람들의 삶에 목표와 방향을 부여한다. 이 점에서 철학자는 입법자와 같고, 철학자는 자신이 만든 법이 사람들 모두를 지배하기를 바라는 폭군과 같다. 니체는 철학자뿐 아니라 바그너와 같은 작곡가들도 자신의 음악을 통해 사람들을 압도하고 싶어 하는 폭군이라고 보았다. 이처럼 삶의 모든 영역에서 힘을 향한 의지가 지배하고 있는 것이다.

우리는 오늘날 자본주의 사회에서 극심한 경쟁에 시달리면서 경쟁에 대해 거부감을 갖고 있다. 따라서 우리는 굳이 마르크스주의자가 아니더라도 경쟁이 사라지고 사랑과 형제애가 넘치는 사회를 꿈꾼다. 그러나 그 원인이 무엇이든, 사랑과 형제애가 넘치는 사회를 건설하려고 했던 마르크스주의의 꿈은 허망하게 무너지고 말았다. 북한을 비롯한 현실 사회주의에서는 사랑과 형제애보다는 모두가 가난한 평등이 지배하게 되었다. 일을 열심히 하든 하지 않든 동일하게 봉급을 받기 때문에 '게으름 피우는 경쟁'이 만연

해졌다. 정의와 평등을 내세우지만 완장을 차고 인민을 약탈하는 새로운 지배계급이 생겨났다. 아울러 예술은 이른바 위대한 지도자와 새로운 지배계급을 찬양하는 획일화된 예술로 전락하고 말았다.

니체는 경쟁과 갈등 없는 사회는 존재할 수 없다고 생각한다. 또한 그러한 사회가 좋은 사회라고 생각하지도 않는다. 그러한 사회는 생명력이 사라진 사회다. 생명은 자신의 힘을 추구하는 의지를 근본적인 속성으로 갖기 때문이다. 그 의지는 살아 있는 모든 것에 존재하는 것이기에, 심지어 신 앞에서 모든 인간이 똑같이 존엄하다고 말하는 그리스도교인들의 가슴속에서도, 사회주의자들의 가슴속에서도 은밀하게 날뛰고 있다.

니체에 따르면, 그리스도교인들은 사후에 자신들만 천국에 가서 지옥에서 고통받는 인간들을 보면서 우월감을 만끽하고 싶어 한다. 이러한 사실을 단적으로 보여주는 예로, 니체는 위대한 그리스도교 신학자이자 철학자인 토마스 아퀴나스의 다음과 같은 말을 인용한다.

"천국에 거주하는 축복 받은 자들은 저주받은 자들이 벌 받는 것을 보면서 자신들의 축복을 더욱 기쁘게 여기리라."[8]

사회주의자들과 같은 평등주의자들은 부자들에 대한 가난한 자들의 시기심과 원한을 이용하여 권력을 잡고 대중 위에 군림한다. 이들의 내면에서 극성을 부리고 있는 것은 정의감보다는 힘을 향한 의지인 것이다. '경쟁이 사라진 사회'라는 구호는 대중을 선동하여 권력을 장악하려는 교활한 자들의 도구에 불과하다. 이들은 정의와 평등을 내세워 대중을 선동함으로써 국가 권력과 경제 권력을 장악한다. 말은 국유화라고 하지만, 사실은 이들 혁명가가 자본가들의 부를 약탈하여 자기 것으로 만드는 것에 불과하다. 그리고 이들은 국가를 자신의 소유물로 만들고 권력을 자신의 후손에게 물려준다.

니체는 『차라투스트라는 이렇게 말했다』에서 이런 평등주의자들을 '타란툴라'라고 부른다. 타란툴라는 이탈리아 타란토 지방에 사는 독거미다. 이 독거미에 물리면 사람들은 미쳐서 춤을 춘다고 한다. 니체는 평등주의자들 역시 사람들 속에 건강하고 공정한 승부욕보다는 원한과 시기심이라는 독을 주입한다고 보았다.

니체의 세계관은 민주주의적인 평등 의식이 상식이 된 오늘날의 사람들에게는 낯설고 분노마저 불러일으킬 수 있다. 니체의 세계관은 투쟁과 갈등 그리고 지배와 억압을 정당화하는 것으로 나타나기 때문이다. 이 점에서 니체의 세계관은 그 자신이 말하는 것처럼 반시대적인 성격을 갖는다. 그러나 니체는 평등주의와 같은 허구적인 관념에 빠지지 말고 현실을 직시하라고 말한다. 사회주의의 예에서 보듯 겉으로 평등을 내세우는 자들도 은밀하게는 권력을 추구한다는 우리는 사실을 알고 있다. 부처나 예수처럼 힘을 향한 의지에서 벗어난 소수가 있을지도 모르지만, 거의 모든 사람이 힘을 추구한다는 사실은 부정하기 어렵다.

니체가 보기에 현실에서 일어나는 경쟁과 투쟁을 혐오하는 자는 둘 중 하나다. 하나는 경쟁과 투쟁에 자신이 없는 연약한 자들이다. 그리고 다른 하나는 경쟁과 투쟁에서 자신이 우위에 서지 않을 바에는 승리한 자들을 악한 자들로 단죄하면서 자신은 선한 자로 생각하는 위선적인 자들이다.

니체는 그리스인들이 예술을 통해 '경쟁과 투쟁으로 점철된 세계'를 긍정하는 힘을 얻었다고 보았다. 그리스인들은 호메로스의 서사시들을 통해 신들 사이에도 경쟁과 투쟁이 존재한다고 생각하게 되었으며, 그것을 신적인 현상으로 보게 되었다. 그리고 비극을 통해 오히려 세계를 긍정하는 법을 배웠다.

그들에게 비극은 쇼펜하우어가 주장했던 것처럼 삶의 비참함과 허망함을 표현함으로써 욕망을 버리라는 가르침을 주는 게 아니다. 비극이 주는 메시지는 건설과 파괴를 거듭하면서 놀이하는 세계의 충일한 생명력을 닮으라는 것이다.

이러한 세계의 생명력은 운명의 장난으로 급격하게 비상했다가 급격하게 추락해버리는 비극 주인공의 삶으로 나타난다. 비극 주인공은 비참한 운명에도 불구하고 자신의 삶을 받아들인다. 이처럼 우리도 삶의 고통과 고난을 받아들일 때 세계의지의 생명력으로 고양된다는 것이다.

예술은 세계를 신성한 것으로 경험하게 한다

세상 모든 것은 상생하면서도 상극하는 관계에 있다. 모든 것은 자신의 존재를 위해 다른 것들을 필요로 한다. 생태계에서 봐도 이를 알 수 있다. 동물은 식물을 먹이로써 필요로 하고, 식물은 동물의 배설물을 필요로 한다. 그러나 한편으로 초식동물은 식물을 뜯어 먹고, 육식동물은 다른 동물들을 잡아먹는다. 이렇게 상생하는 동시에 상극하면서 세계는 끊임없이 변화한다.

니체가 바라보는 세계는 이처럼 조화뿐 아니라 대립과 투쟁이 존재하는 세계다. 세계의 근원은 그리스도의 신처럼 사랑과 자비의 신이 아니라 모래성을 쌓다가 부수는 것을 반복하는 어린아이와 같기 때문이다. 그리고 그는 비극이 바로 이것을 표현한다고 보았다. 비극의 주인공이 겪는 상승과 몰락의 드라마는 이 생명력이 세상에 나타나는 방식을 가장 극적인 형태로 표현한다.

물론 니체는 그리스인들이 처음부터 경쟁과 투쟁으로 점철되고 주인과 노예로 이루어진 세계를 긍정한 건 아니라고 본다. 고전문헌학에서는 전통적으로 그리스인들의 민족성이 낙천적이고 명랑했다고 보지만, 니체에 따르면 이러한 견해는 피상적이다.

니체는 그리스인들도 처음에는 이런 세계 속에서 염세적인 절망에 빠졌다고 본다. 그리스인들은 원래 그 어떤 민족보다 삶의 고통에 대해 예민한 감각을 가지고 있었으며, 따라서 낙천주의적이기보다는 염세주의적이었다는 것이다. 그러나 그들을 사로잡았던 염세주의와의 투쟁을 통해 명랑하고 낙천적으로 되었다.

니체는 이런 견해를 뒷받침하는 예로 저 유명한 실레노스Silen의 말을 인용한다. 만지는 것마다 황금으로 변했다는 것으로 유명한 미다스 왕이 디오니소스의 시종인 현자賢者 실레노스에게 '인간에게 가장 좋고 훌륭한 것이 무엇인지' 묻자 실레노스는 이렇게 답한다.

"하루살이 같은 가련한 족속이여, 우연과 고난의 자식들이여, 그대는 왜 나에게 그대가 듣지 않는 것이 그대에게 가장 복된 일인 것을 말하도록 강요하는가? 가장 좋은 것은 그대가 절대로 이룰 수 없는 것이다. 그것은 태어나지 않는 것이며 존재하지 않는 것이고 무無로 존재하는 것이다. 그러나 그대에게 차선의 것이 있다면 그것은 바로 죽는 것이다."[9]

니체는 실레노스의 이 말이 삶의 진실, 즉 우리의 삶이 영위되는 현실인 현상세계의 실상을 말해준다고 본다. 실레노스의 말은 쇼펜하우어가 설파하는 염세주의 못지않게 염세적이다. 또한 니체는 그리스인들이 가졌던 염세적인 세계관은 올림포스 신들 이전에 존재했던 거인신들에 대한 신화에서 잘 나타난다고 본다. 그리스인들은 원래 인간의 삶을 끊임없이 투쟁하는 거인신들의 세계와 동일한 것으로 보았다는 것이다. 그리스들은 현상세계를 공포와 끔찍함이 지배하는 세계로 보았다.

니체는 그리스 예술은 이러한 염세주의와의 대결에서 비롯된 것으로 본다. 그리스인들은 아폴론적 예술처럼 현상세계를 신적인 것으로 변용하거나, 디오니소스적인 예술처럼 근원적인 일자로 귀환하는 방식으로 염세주의를 극복했다는 것이다.

니체는 우리가 경험하는 고통스러운 현실과 아폴론적인 가상은 서로가 필요하다고 말한다. 그리스인들은 다른 민족들과는 달리 삶의 고통과 고뇌를 극히 민감하게 느끼는 민족이었기에, 고통과 고뇌를 견디기 위해 올림포스 신화라는 환희에 찬 신들의 질서를 창조할 수밖에 없었다. 그러나 이는 그리스인들이 올림포스의 환상적인 세계로 도피해 들어갔다는 것을 의미하지는 않는다. 오히려 그리스인들은 신들도 인간과 동일한 삶을 산다고 봄으로써 인간의 삶을 정당화하고 신성한 것으로 만들었다.

올림포스의 신들은 불사의 존재라는 것 외에는 인간과 다르지 않으며, 그들이 벌이는 갖가지 사건도 인간들 사이에서 일어나는 사건들과 다를 바 없다. 신들은 현상세계에서 인간들이 갖는 성욕이나 명예욕 그리고 승부욕을 그대로 가지고 있으며, 이러한 욕망으로 인해 서로 사랑하기도 하지만 증오하기도 한다.

올림포스 신들은 우리가 흔히 신의 속성으로 알고 있는 사랑과 자비 그리고 도덕적인 고상함이나 정의만을 표현하는 것이 아니다. 그들은 오히려 거만하고 승리감에 찬 의기양양한 존재들일 뿐이며 선악의 피안에 존재한다. 그들은 통상적인 선악 개념에서 볼 때는 악이라고 간주되는 행위도 서슴없이 행한다. 예를 들어 제우스는 못 말리는 바람둥이다.

올림포스 신들은 이 세계에 존재하는 여러 가지 힘이나 인간의 정염들을 신성화하고 있을 뿐이다. 이런 의미에서 그리스인들은 현실로부터 올림포스 신들의 세계라는 피안의 세계로 도피하는 것이 아니라, 자신들이 사는 세계와 성욕이나 승부욕과 같은 인간의 본능적인 욕망들을 신성한 것으로 긍정한다. 따라서 아폴론적 예술이 표현하는 아름다운 가상은 현상세계와 동떨어진 환상적인 것이 아니라, 현상세계를 승화하고 변용하면서 정당화하고 미화하는 것이다.

쇼펜하우어의 철학에서 아폴론적 예술은 객관적인 이데아를 관조할 수 있게 하면서, 욕망과 고통에서 일시적으로 벗어나게 해서 안식을 가져다준다. 다시 말해 아폴론적 예술은 우리가 욕망을 부정할 수 있게 한다.

반면 니체는 아폴론적 예술이 인간의 욕망을 긍정한다고 본다. 이는 곧 인간의 욕망이 펼쳐지는 세계인 현상세계를 긍정한다는 것을 의미한다. 아폴론적 예술은 현상세계에 대한 긍정을 가르친다.

니체 역시 쇼펜하우어와 마찬가지로 현상세계가 서로 갈등하는 개체들로 이루어져 있다고 본다. 그러나 아폴론적 예술을 통해 현상세계로부터의 도피가 아니라 현상세계의 승화와 긍정이 일어난다고 본다는 점에서 쇼펜하우어와는 근본적으로 입장이 다르다.

그리스도교에서는 '선한 신이 창조한 세계에 어떻게 악이 존재할 수 있는가'라는 것이 중요한 철학적 문제가 되었다. 이러한 문제를 해결하기 위해서 제시된 갖가지 논변을 변신론辯神論, 즉 신을 변호하는 이론이라고 불렀다.

니체는 그리스 신화에서 인간의 삶이 올림포스 신들을 통해 신성한 것으로 표현된 것 자체가 이미 충분한 변신론이라고 말한다. 그리스인들은 그리스도교가 악으로 단죄하는 것조차 이미 신적이고 성스러운 것으로 여겼다는 것이다. 따라서 그리스인들에게는 '신들이 지배하는 세계에서 어떻게 악이 존재할 수 있는가'라는 문제는 제기될 수조차 없었다.

그리스인들은 신들이 누리는 삶의 눈부신 광명 속에서 인간의 삶 그 자체가 추구할 만한 가치가 있는 것으로 경험했다. 이렇게 현실을 철저하게 긍정하게 되면서 그리스인들은 그전과는 전혀 다른 인생관을 갖게 된다. 이들은 이제 '인간에게 가장 나쁜 일은 머지않아 죽는다는 것이며, 그다음으로 나쁜 일은 누구나 언젠가는 죽는다는 것이다'라고 생각하게 된다. 그리스인들은 고통스러운 현실로 인해 자신을 구원하는 아폴론적인 환상을 산출하도록 내몰렸지만, 자신이 만들어낸 환상을 관조함으로써 고통의 세계 속에서 활기차게 살아갈 수 있었다.

우리에게는 고통을
감당하는 힘이 있다

강한 인간은 위대한 성취를 위한 고통을 즐긴다

전쟁과 폭력 그리고 노예제도와 같은 잔인한 제도가 지배하는 이러한 세계를 살 만한 의미와 가치가 있는 세계로 바꿀 수 있을까? 니체는 크게 두 가지 방식이 있다고 보았다. 하나는 인간이 대지와 육체를 경멸하게 하면서 인간을 허약하고 병들게 하는 방식이고, 다른 하나는 대지와 육체를 긍정하게 하면서 인간을 강하고 건강하게 하는 방식이다.

우선 첫 번째로 대지와 육체를 경멸하게 하면서 인간을 허약하고 병들게 하는 대표적인 방식으로, 니체는 이미 『비극의 탄생』에서부터 그리스도교를 들었다. 그리스도교에 따르면 현실 세계는 천국으로 가는 교량에 불과할 뿐이고, 인간들은 지상에서의 모든 쾌락과 욕망을 멀리할 경우에만 천국에서 지복을 맛볼 수 있다. 그리스도교라는 종교 자체뿐 아니라 그리스도교에 입각한 예술이나 학문도 현실 세계와 인간의 감각적인 삶을 경멸한다. 그리고 감각적인 충동에 항상 흔들릴 수밖에 없는 인간에게 죄인이라는 의식을 각인시키는 데 여념이 없다.

그리스도교는 삶의 고난과 무상함에 지친 인간들에게 천국이라는 신기루를 보여줌으로써 삶을 참고 견디면서 살도록 한다. 그러나 그 대가로 인간들은 가공의 신과 천국에 의존하면서 자신의 감각적인 욕구와 본능을 억압하는, 허약하고 병적인 존재가 된다. 니체가 『비극의 탄생』에서 개진하는 이런 그리스도교 비판은 말년의 작품인 『안티크리스트』에서 절정에 달하는 그리스도교 비판과 본질적으로 다르지 않다.

『비극의 탄생』에는 그리스도교를 직접적으로 비판하는 대목은 보이지 않는다. 그러나 『비극의 탄생』 신판에 붙인 「자기비판의 서문」에서 니체는 『비극의 탄생』 전체에 걸쳐 그리스도교에 대한 깊은 적대적인 침묵이 흐른다고 말한다. 즉 그리스도교는 아폴론적이지도 디오니소스적이지도 않다는 것이다.

『비극의 탄생』에서는 분명히 드러나지 않지만, 니체는 쇼펜하우어의 철학 역시 인간을 허약하고 병들게 만든다고 본다. 쇼펜하우어는 철학은 세계 안에 존재하는 고통과 악에 대한 경이에서 출발한다고 보았다. 따라서 쇼펜하우어에게 철학의 근본적인 문제는 세계 안에 존재하는 고통과 악을 어떻게 극복하느냐 하는 것이다.

쇼펜하우어는 인생의 고통과 악을 밑 빠진 독처럼 한이 없는 우리의 욕망에서 찾았다. 따라서 쇼펜하우어는 고통과 악을 극복하는 방법도 욕망을 최소화하는 데서 찾았다. 욕망을 줄이면 줄일수록 우리의 마음은 욕망에 휘둘리지 않고 평안해진다. 그리고 모든 사람이 욕망을 최소화하면 인간들 사이의 갈등과 투쟁, 즉 악도 사라지게 될 것이다. 이 점에서 쇼펜하우어의 철학은 불교의 가르침과 매우 유사하다. 불교 역시 고통의 원인을 우리의 집착과 탐욕에서 찾으며, 탐욕을 극복하는 것을 통해서만 고통을 극복할 수 있다고 본다.

철학의 출발점이 이 세계에 존재하는 고통과 악에 대한 경이라고 보는 쇼펜하우어의 사상에 대해서는 니체도 동의할 것이다. 그리고 니체 역시 고통과 악의 극복이야말로 철학의 근본 목표라고 본다. 그러나 고통과 악의 원인과 그것을 극복하는 방안을 모색하는 데 있어서 니체는 쇼펜하우어와 완전히 방향을 달리한다. 니체는 고통과 악의 원인을 욕망에서 찾지 않는다. 니체는 쇼펜하우어와 불교처럼 욕망을 부정적으로 보지 않는다. 따라서 니체는 그것을 최소화할 것을 요구하지도 않는다.

니체는 오히려 욕망을 인간과 문명의 발달을 위해서 필요한 동력이라고 본다. 인간이 이룩한 모든 위대한 업적과 성취는 욕망 없이는 이루어지지 않았다. 정치적으로나 군사적으로 위대한 업적뿐 아니라, 위대한 예술작품도 위대한 것을 성취하겠다는 욕망과 열정 없이는 이루어지지 않는다. 그리고 사람들은 위대한 것을 성취하기 위해 고통을 기꺼이 감수한다. 이들은 어지간한 고통은 고통으로 여기지도 않으며, 오히려 그것을 위대한 것을 성취하기 위해 필요한 것으로 흔쾌히 받아들인다.

따라서 니체에게 고통은 사람들의 욕망에서 비롯되는 것이 아니라, 오히려 허약함에서 비롯된다. 강한 인간은 위대한 것을 추구하는 과정에서 부딪히는 온갖 장애를 장애라고 여기지 않으며 오히려 그것들과 유희한다. 강한 인간은 그런 장애를 자신의 힘을 즐길 기회로 여긴다. 이에 반해 약한 자들은 자신의 욕망을 추구하는 과정에서 부딪히는 장애를 힘겨워하고 고통받는다.

아울러 강한 자는 사람들 사이의 경쟁과 갈등도 악으로 보지 않는다. 오히려 그는 이러한 경쟁과 갈등을 통해 사람들이 자신의 잠재적인 능력을 최대한 발휘할 수 있다고 본다.

물론 그렇다고 해서 니체가 인간이 욕망의 노예가 되어야 한다고 주장하는 것은 아니다. 니체는 우리가 욕망의 주인이 되어야 한다고 본다. 욕망을 금기시하고 억압해야 한다는 게 아니라 자신의 욕망과 열정을 적절히 조절하는 것이다. 강한 인간은 욕망과 열정을 어떤 때는 불타오르게 하면서, 욕망과 열정의 힘을 타고 위대한 것을 성취한다. 그러나 그는 또 어떤 때는 욕망과 열정을 쉬게 하면서, 나중에 위대한 것을 성취할 힘을 비축한다.

니체는 인간들의 욕망을 금기시하는 그리스도교와 쇼펜하우어 그리고 불교는 모두 인간을 고통을 두려워하는 허약한 인간으로 만든다고 보았다. 니체는 그러한 종교나 철학을 노인을 위한 철학으로 본다. 사람들이 늙어 몸이 허약해지고 갖가지 병들이 생기게 되면 으레 "다른 것 다 필요 없고 건강하기만 하면 좋겠다"라고 말한다. 노인이 되면 고통을 두려워하게 된다. 그리스도교나 쇼펜하우어 그리고 불교는 모두 고통이 없는 세상을 꿈꾼다. 그리스도교는 그러한 세계를 천국에서 찾고, 쇼펜하우어는 욕망이 소멸된 마음의 상태에서 찾으며, 불교 역시 고통으로 점철된 윤회 세계에서 벗어난 상태를 추구한다.[10]

반면 니체는 자신의 철학은 청년을 위한 철학이라고 본다. 니체는 그리스도교가 지배하는 문명에서 정신이 늙어버린 서양인들에게 그리스·로마 문명에 깃들어 있던 청년 정신을 되살리는 것을 자신의 철학적 과제로 여겼다.

그리스 비극은 강함의 염세주의에서 비롯되었다

니체는 「자기비판의 서문」에서 염세주의를 '약함의 염세주의'와 '강함의 염세주의'로 나눈다. 약함의 염세주의는 허약한 인간들이 고통과 고난으로 점철된 현실 세계를 부정하면서, 그리스도교나 불교에서 보는 것처럼 피안을 희구하거나 내면의 평안으로 도피하는 것이다. 반면 강함의 염세주의는 현실세계를 있는 그대로 긍정한다. 니체는 그리스인들은 약함의 염세주의를 예술을 통해 극복하고 강함의 염세주의를 체현했다고 본다. 그리스인들에게 예술은 단순히 삶과 유리된 오락이 아니라 그리스인들의 삶에 새로운 세계이해를 가져다주고 그리스인들을 변화시키는 힘을 갖는 것이었다.

약함의 염세주의는 몸과 마음의 평안을 위해 위험을 피하고 적을 만들려고 하지 않는 반면, 강함의 염세주의는 자신의 힘을 시험하기 위해서 위험과 적을 찾아다닌다. 니체는 이러한 염세주의를 행복에서 비롯되는 염세주의, 즉 넘쳐나는 건강과 생명력으로부터 비롯되는 염세주의라고 말한다. 이에 반해 약함의 염세주의는 피로하고 병든 생명력으로 인해 인생은 고통이라고 한탄하는 쇼펜하우어식 염세주의다.

강함의 염세주의에 대한 니체의 사상에서 우리는 이미 니체가 후기에 전개한 영원 회귀 사상의 단초를 볼 수 있다. 니체는 삶을 가장 긍정하는 형식으로 영원 회귀 사상을 창안했다고 말한다. 영원 회귀 사상은 그리스도교나 마르크스주의와 같은 목적론적인 세계관과 가장 대립하는 세계관이다.

그리스도교나 마르크스주의는 자연과 인간의 역사는 최후의 심판이나 공산주의와 같은 미래의 궁극적인 목적을 향해서 나아간다고 말한다. 이와 달리 니체의 영원 회귀 사상은 모든 것은 아무런 목적도 없이 끊임없이 회귀한다고 말한다. 우리가 지금 이 순간에 보는 모래알도, 거미도 그리고 역겨운 인간들도 모두.

이렇게 모든 것이 회귀한다는 사실, 우리가 경험하는 모든 고통이나 악도 끊임없이 되돌아온다는 사실은 힘이 약한 자를 절망에 빠뜨린다. 힘이 약한 자는 이러한 절망에서 벗어나기 위해 그러한 고통과 고난이 존재하지 않는 피안이나 유토피아를 희구한다. 이런 의미에서 역사의 궁극적인 목적을 상정하는 모든 목적론이란, 니체가 보기에는 이 세상의 고통과 고난을 스스로 짊어질 힘을 갖지 못한 연약한 자들에게서 비롯된 것이다. 강한 자는 모든 것이 아무런 목표도 없이 회귀한다는 사실을 흔쾌하게 받아들인다. 그리고 영원 회귀를 흔쾌하게 긍정할 때 그에게는 모든 것이, 즉 약한 자에게는 악이나 고통으로 여겨지는 것조차도 신성한 것으로 나타난다.

앞서 보았듯 니체는 그리스인들의 아폴론적인 문화와

그것을 대표하는 올림포스 신화가 인간의 삶을 정당화하려는 의지에서 비롯한 것으로 본다. 이러한 사실은 니체가 『비극의 탄생』에서부터 이미 영원 회귀 사상과 같이 삶에 대한 긍정의 사상을 지향하고 있다는 사실을 단적으로 보여준다.

니체 자신도 『이 사람을 보라』에서 자신이 이미 『비극의 탄생』에서 영원 회귀 사상과 동일한 사상을 개진하고 있다고 말했다. 『비극의 탄생』에서 말하는 디오니소스적인 것은 소멸과 파괴, 대립과 전쟁, 영원불변의 존재가 아니라 끊임없이 변하는 생성에 대한 긍정을 의미한다는 것이다. 그리고 니체는 자신과 동일한 사상을 펼친 유일한 사상가는 헤라클레이토스라고 말한다. 헤라클레이토스는 "만물은 흐른다"라는 말로 생성하는 세계를 긍정하고, "투쟁은 만물의 아버지"라는 말로 투쟁을 긍정했던 사상가다.

니체는 『비극의 탄생』에서 그리스인들이 현실세계를 긍정하면서 염세주의를 극복한 방식으로 세 가지를 들었다. 그 첫 번째는 아폴론적인 예술이고, 두 번째는 디오니소스적 예술이며, 세 번째는 아폴론적 예술과 디오니소스적 예술의 결합으로서의 비극 예술이다. 나중에 자세히 보겠지만, 니체는 소크라테스가 개척한 학문의 길도 염세주의를 극복하려는 하나의 방법으로 본다. 그러나 이러한 학문의 길은 염세주의의 진정한 극복이 아니라 오히려 인간을 병약하게 만드는 것이다.

살아라, 그리고 삶의 고통까지 즐겨라

그런데 『비극의 탄생』은 과연 염세주의를 극복하고 있는가? 나는 『비극의 탄생』이 한편으로는 쇼펜하우어식의 염세주의를 넘어서는 단초를 포함하고 있지만, 다른 한편으로는 아직 쇼펜하우어의 염세주의에 구속된 측면이 있다고 생각한다.

니체는 만물이 일체가 되는 디오니소스적인 황홀경을 찬양하지만 이러한 황홀경이 바그너가 촉발하고자 하는 낭만주의적인 도취와 매우 가깝다는 점은 부인하기 어렵다. 다음 인용문을 어떻게 해석하는가에 따라서 『비극의 탄생』이 쇼펜하우어식의 염세주의를 극복하고 있다고 볼 수도 있고, 아직 극복하지 못했다고 볼 수도 있다고 생각한다.

"그대들은 나처럼 존재하라! 현상의 끊임없는 변천 속에서 영원히 창조하고, 인간으로 하여금 생존하도록 영원히 강제하며, 현상의 이러한 변천에 영원히 만족하는 근원적인 어머니인 나를!"[11]

많은 니체 연구자가 이 부분을 '개체로서의 인간은 자신의 죽음과 상관없이 계속해서 존재하는 큰 전체에 원래는 자신이 속해 있다는 사실을 깨달으라'는 말로 해석하는 경향이 있다. 이러한 해석이 터무니없는 해석은 아니라는 사실은 『비극의 탄생』에 나오는 니체의 다음 말에서도 드러난다.

"의지의 최고 현상인 비극의 주인공이 파멸되는 것을 보면서 우리는 쾌감을 느낀다. 왜냐하면 주인공은 단지 현상일 뿐이며 주인공의 파멸에 의해서 의지의 영원한 생명은 손상되지 않기 때문이다."[12]

그런데 이렇게 말할 때 니체는 아직 '영원불변의 실체로 귀의함으로써 구원을 얻어야 한다고 주장하는 형이상학적 사고방식'은 물론이고, 쇼펜하우어식의 염세주의마저도 완전히 극복하지 못하게 된다. 이 경우에는 인간이 자신을 디오니소스적인 근원적 일자로 해소함으로써 일종의 영원성을 얻게 되는 것으로 해석되기 때문이다. 후기 니체는 이렇게 개체의 소멸에 의해 디오니소스적인 일자와 하나가 되는 것을 낭만주의적인 도취에 빠지는 것으로 보아 경계한다. 니체는 그것도 일종의 현실 도피로 보는 것이다.

따라서 앞의 인용문은, 각 개체는 원래는 디오니소스적인 세계의지에 속하기 때문에 죽음 후에도 영원성을 얻을 수 있다고 말한다기보다는, 오히려 각 개인에게 디오니소스적인 생명력으로 삶을 살 것을 요구하고 있다고 이해해야 한다. 그렇지 않고 단순히 '영원성을 얻는다'는 것에만 초점을 맞춘다면, 쇼펜하우어의 철학에서도 인간은 죽음 이후에 세계의지로의 회귀를 통해 영원성을 얻게 된다고 충분히 말할 수 있기 때문이다.

앞의 인용문은 유희하듯이 세계를 지었다가 파괴하는 디오니소스 신처럼, 세계 내의 그 모든 고통과 고난에도 불구하고 생을 유희하듯이 살라는 것을 의미한다. 이렇게 유희하는 자는 오히려 죽음 이후의 영속적인 존재와 같은 것에 관심이 없다. 그러한 관심이야말로 생성 소멸하는 세계에 대한 두려움과 염증에서 비롯되는 것이기 때문이다.

강한 생명력의 소유자, 다시 말해 디오니소스적인 생명력의 소유자는 현세의 삶을 유희하듯이 즐길 뿐이다. 그는 죽음 이후의 영원한 삶이나 자신은 사멸해도 영속할 전체에는 관심을 갖지 않는다. 또한 디오니소스적인 생명력의 소유자는 자신을 망각하고 몰아의 상태에 빠지는 게 아니라, 오히려 그 모든 고통과 고난도 흔쾌하게 받아들이는 자신에게 강한 자부심과 긍지를 갖는다.

이러한 사실을 염두에 둘 때, 비극에서 근원적인 일자를 표현하는 합창단이 모방하는 것은 '영원한' 존재가 아닌 '창조적인 힘으로 충만한 존재'로서의 근원적인 일자라고 할 수 있다. 이때 근원적인 일자는 항상 창조적인 생명력으로 가득 차 있는 반면, 우리는 유한한 존재로서 항상 그렇지는 않다는 것이 차이점이다.

이 세계는 있는 그대로 완전하고 아름답다

후기 니체는 현상세계가 갖는 고통과 모순 그리고 갈등에도 불구하고 현상세계 자체를 완전한 것으로 본다. 후기 니체는 근원적인 일자로서의 세계의지라는 개념을 포기하면서 세계가 무수한 힘을 향한 의지로 이루어진 것으로 본다. 이러한 의지는 자신을 강화하고 고양하려는 의지이기에 서로 우위를 차지하기 위해 투쟁하게 된다. 그럼에도 건강한 의지는 이러한 세계를 부정적으로 보는 것이 아니라 오히려 자신의 강한 힘을 시험하고 확인할 수 있는 숭고한 아름다움과 완전성을 갖는 세계로 경험한다.

니체는 「자기비판의 시도」에서 『비극의 탄생』이 논리적으로 상당히 문제가 있는 책이라고 말한다. 나는 앞에서 『비극의 탄생』이 어떤 점에서 논리적인 모순을 범하고 있으며 논리적인 명료성이 부족한지를 드러내고자 했다.

『비극의 탄생』은 아폴론적인 예술을 논하는 부분에서는 개별화의 원리와 개별화의 원리에 의해서 규정되고 있는 현상세계를 근원적인 의지가 자신을 고통에서 구원하기 위해 창조한 것으로 본다. 그러나 디오니소스적인 예술에 대해 논하는 부분에서는 개별화의 원리를 '만악의 원리'로 간주한다. 그리고 디오니소스적인 통일 상태는 개별화의 원리에 따라 규정된 현상세계를 부정해야 하는 것으로 간주된다. 이렇게 보면 니체는 인간들 사이뿐 아니라 살아있는 모든 것 사이의 갈등과 대립 그리고 고통이 사라진 상태를 이상적인 상태로 보는 것 같다.

니체는 이렇게 말한다.

"이제 노예는 자유민이다. 이제 곤궁과 자의恣意, '뻔뻔스러운 작태'가 인간들 사이에 심어놓은 완강하고 적대적인 모든 제한이 파괴된다. (…) 이제 동물들도 말을 하고 대지에는 젖과 꿀이 흐르는 것처럼 인간으로부터도 초자연적인 것이 울려 퍼진다."[13]

그러나 바로 이렇게 모든 것이 갈등과 대립에서 벗어나 합일을 이루고 있는 상태를 이상적인 것으로 본다는 것은 개별화의 원리에 따라 규정된 현상세계를 니체가 전혀 긍정적으로 보지 않는다는 것을 의미한다. 이러한 현상세계는 인간들 사이의 차이와 차별로 특징지어지기 때문이다.

나는 쇼펜하우어의 철학과 염세주의를 진정으로 극복하는 것은 현상세계 자체를 예술을 통한 변용이나 극복이 필요하지 않을 정도로 완전한 것으로 볼 경우에만 가능하다고 생각한다. 후기 니체는 우리가 살고 있는 세계, 즉『비극의 탄생』에서 사용되고 있는 용어로 말하면, 현상세계

자체를 완전한 것으로 보고 있다. 힘을 향한 의지가 강건한 자에게 이 세계는 그것에 존재하는 온갖 고통과 갈등에도 불구하고 완전하고 아름답다. 이에 반해 힘을 향한 의지가 약한 자에게 이 세계는 불완전하고 추악하고 부도덕하다.

후기 니체에게 세계 내에 존재하는 갈등과 대립은 세계의 빈곤함이 아니라 오히려 세계의 풍요로움을 보여주는 것이다. 이러한 세계를 고통으로 가득 차 있는 불완전하고 추악하며 부도덕한 세계로 보는 사람은 힘을 향한 의지가 쇠약한 사람이다.

염세주의는 세계 자체가 근본적으로 고통으로 가득 차 있기 때문에 생기는 것이 아니라, 사실은 염세주의에 사로잡힌 사람이 힘을 향한 의지가 약하기 때문에 생긴다. 힘을 향한 의지가 강한 자는 자신의 충일한 힘을 시험하고 즐기기 위해 오히려 고통과 고난을 찾아다닌다. 즉 세계가 문제인 것이 아니라 세계를 있는 그대로 받아들일 수 있는 힘이 결여되었다는 것이 문제다.

따라서 후기 니체는 현상세계를 더 이상 실레노스처럼 묘사하지 않는다. 후기 니체는 현상세계에 대한 실레노스의 말을 힘을 향한 의지가 쇠약하여 쇼펜하우어식의 염세주의에 사로잡힌 자들의 말로 평가할 것이다. 또한 후기 니체는 올림포스 신화로 표현되고 있는 아폴론적인 예술도 현상세계에서 인간이 겪는 고통에서 벗어나려는 약함에서 생겨난 것이 아니라, 자신의 강한 힘을 시험해보기 위해 고통을 찾아다니고 고통을 긍정하려는 강함에서 비롯되었다고 볼 것이다. 아폴론적 예술은 그리스인들의 강함에서 비롯된 것이지, 실레노스에서 표현된 비탄에서 비롯된 것이 아니다.

이러한 사실을 고려할 때『비극의 탄생』은 있는 그대로의 현상세계를 긍정하는 것은 아니다.『비극의 탄생』은 적어도 아폴론적인 예술과 디오니소스적인 예술을 논하는 부분에서는 현상세계는 아폴론적인 예술이 제공하는 아폴론적 가상에 따라 변용되거나 디오니소스적인 예술이 제공하는 황홀한 도취 속에서 부정되어야 하는 것으로 파악되고 있다.

이러한 예술들은 있는 그대로의 현상세계를 그대로 긍정하는 것은 아니다. 있는 그대로의 현상세계를 그대로 긍정하는 것은 후기 니체에서 분명하게 볼 수 있듯이 현상세계의 고통과 대립 그리고 갈등 자체를 그대로 기쁘게 수용하는 것으로만 가능하다. 후기 니체에 따르면 건강한 힘을 향한 의지를 갖는 자는 굳이 예술적인 감화를 따로 필요로 하지 않을 정도로 우리가 살고 있는 세계를 완전한 것으로 본다.

이와 함께 후기 니체에서 예술은 힘을 향한 의지가 자신을 강화하고 고양하는 모든 방식을 가리키는 것으로 그 의미가 확대된다. 예를 들어 니체는 우리의 몸이나 프러시아의 장교단 같은 것조차도 예술로 파악한다. 또한 좁은 의미의 예술도 고양된 힘을 향한 의지의 표현이면서, 그것을 감상하는 사람들의 힘을 향한 의지를 고양하고 강화하는 역할을 한다.

어떻든 이 경우에도 예술은 고통에서 인간을 구원하는 역할을 하는 것이 아니다. 그것은 오히려 사람들에게 자신의 넘치는 힘을 시험하기 위해 고통과 고난을 찾아다닐 정도로 생을 긍정하는 힘을 주는 역할을 한다.

후기 니체의 사상과 비교해볼 때 『비극의 탄생』에서 니체는 아직 쇼펜하우어식의 형이상학과 염세주의에서 완전히 벗어나지 못했다고 볼 수 있다. 니체는 그 이유를 자신이 『비극의 탄생』에서 진정으로 말하고 싶어 했던 것을 표현할 언어를 획득하지 못했기 때문이라고 생각한다. 니체는 쇼펜하우어의 언어를 빌려 말하면서 부지불식간에 쇼펜하우어의 철학과 염세주의에 구속된 모습을 보여주는 것이다.

『비극의 탄생』은 니체 자신이 인정하는 것처럼 한계를 갖고 있지만, 그럼에도 후기 니체의 사상으로 발전될 수 있는 강력한 맹아를 가진 책이다. 후기 니체가 전개하는 힘을 향한 의지 사상은 디오니소스 신의 충만한 생명력에 대한 사상을 발전시킨 것이다. 그리고 영원 회귀 사상은 디오니소스 신을 표출하는 현상세계가 갖는 완전성에 관한 사상을 발전시킨 것이다. 그리고 초인 사상은 『비극의 탄생』에서 말하는 디오니소스적인 힘의 화신인 프로메테우스에 관한 사상을 발전시킨 것이라고 볼 수 있다.

소크라테스냐,
디오니소스냐

그리스 비극의 파괴자, 소크라테스

『비극의 탄생』은 크게 두 부분으로 나뉜다. 하나는 1장에서 8장에 이르는 부분이고, 다른 하나는 9장에서 마지막 장인 25장에 이르는 부분이다. 1장에서 8장까지가 니체가 이 책에서 본래 목표했던 비극의 기원과 본질에 대한 탐구가 본격적으로 전개되는 부분이다. 이 부분이 아마 『비극의 탄생』에서 가장 어려운 부분일 것이다. 나머지 부분은 1장에서 8장까지 논의된 내용을 보완하거나, 그리스 비극이 붕괴되는 원인으로서의 소크라테스주의와 그것이 취하는 다양한 형태에 대해 주로 다루고 있다.

마지막으로 니체는 그리스 비극이 종언을 고한 이래로

서양의 역사를 지배한 소크라테스주의를 극복할 수 있는 새로운 디오니소스적인 음악을 바그너의 음악에서 찾는다. 그리고 바그너의 음악이 독일 정신의 어디에 뿌리박고 있는지를 밝히면서 그것이 갖는 역사적 의의에 대해 말한다.

니체는 『비극의 탄생』에서 그리스 비극은 논리적인 지성의 인간인 소크라테스로 인해 붕괴되었다고 주장한다. 소크라테스는 이론적 낙천주의자의 원형이다. 그는 사물의 본성을 논리적 지성을 통해 철저하게 규명할 수 있다고 믿는 것과 함께 논리적 인식이 만병통치약과 같은 효력을 갖는다고 보면서, 오류를 악으로 파악한다. 지식과 추론에 대한 과대평가와 함께 동정심, 희생심, 영웅심과 같은 가장 고귀한 윤리적 행위까지도, 그리고 아폴론적 그리스인이 소프로슈네Sophrosyne, 즉 '사려'라고 불렀던 '잔잔한 바다와 같은 영혼의 고요함'마저도 이론적으로 해명할 수 있는 것으로 간주했다.

이렇게 모든 것을 이론적으로 해명할 수 있다고 믿었던 소크라테스주의가 그리스를 지배하게 되면서, 음악이 불러일으키는 도취를 통해서 세계의 비밀과 진리에 접할 수 있었던 비극은 사라지게 되었다. 그리스인들이 소크라테스주의에 사로잡힘으로써, 음악과 분리된 언어, 다시 말해 모든 감정과 열정과 동떨어진 순수한 논리적 언어, 근원적 세계의지라는 존재 자체와 분리된 의식의 언어를 통해 세계의 비밀을 다 파헤칠 수 있다고 믿었을 때, 비극은 종말을 고했다.

현상세계의 근원인 존재 자체가 음악을 통해 자신을 드러낸다고 한다면, 음악과 분리된 언어는 존재와 분리된 언어이며, 존재를 객체화하면서 자신을 주체로 내세우는 언어다. 그러나 이러한 언어를 구사할 때 의식은 사실 존재에 대해 자신의 알량한 사고 도식을 강요하고 있을 뿐이며, 존재 자체를 파악할 수는 없다. 그러한 의식은 주체가 궁극적으로 존재의 심연 앞에서 무력하다는 것, 존재의 심연은 주체로서의 인간도 언제든지 휩쓸어 갈 수 있다는 사실을 보지 못한다.

인식과 지적인 의식을 강조함으로써 창조적인 무의식을 제한하고 방해하는 소크라테스의 지성주의는 존재의 깊이를 알려고 하지 않는 천박한 수사학적 변론술에 지나지 않는다. 그리고 이러한 지식은 존재의 깊이에 닻을 내리고 있지 않기 때문에 지혜를 결여한 지식, 즉 계산과 술책과 타산일 뿐이다.

니체는 그리스 비극은 소크라테스의 영향 아래 있었던 비극 작가인 에우리피데스로 인해 끝났다고 보았다. 에우리피데스는 소크라테스라는 독에 철저하게 감염되어 주지주의에 빠져 있었다. 에우리피데스의 무대 위에는 더 이상 노래는 없고 토론과 변론만이 있었다. 무대 위의 주인공은 영리하게 처신만 하면 더 이상 비극적인 운명 따위에 처하지 않는다. 이렇게 매사에 납득할 수 있는 이유를 따지고 드는 '환한 이성의 빛'이 지배하는 세계에는 음악이 드러내는 밤과 어둠의 세계가 들어설 여지는 없다. 음악과 비극, 심연, 고통, 절망, 구원은 철저하게 추방당했다.

니체는 펠로폰네소스 전쟁의 참담한 패배로 옛 아테네의 영광이 종말을 고하던 그 시대가 바로 소크라테스가 활동했던 시대였다는 사실에 주목한다. 신화의 죽음과 주지주의적인 소크라테스주의의 등장은 아테네의 사회적 혼란, 퇴화, 몰락과 궤를 같이한다는 것이다.

그 이전에 페르시아 전쟁(BC490~479)에서의 승리는 아테네를 그리스의 주도 세력으로 만들었다. 대외적인 군사력의 성장과 함께 해외무역도 더욱 활발해졌고, 경제적으로 부강해진 아테네의 중간계급, 즉 시민들의 힘이 성장함에 따라 민주주의는 강화되었다. 물론 이러한 민주주의는 대다수가 노예이고 자유민은 소수였던 제한된 민주주의였다. 어떻든 이 시기는 경제적으로도 정치적으로도 명실상부하게 아테네의 황금기라 할 수 있다.

그러나 황금기는 그리 오래 가지는 못했다. 펠로폰네소스 전쟁의 패배로 인해 아테네의 무역은 붕괴했고 민주정은 파괴되었다. 경제적 혼란과 빈곤의 증대와 함께 페스트가 창궐하여 엄청난 수의 사람이 죽었다. 아테네의 모든 성벽은 파괴되었고, 아테네는 모든 해외 재산 및 해군력을 포기할 수밖에 없었으며 스파르타의 속국으로 전락했다. 이러한 정치적·경제적 혼란은 곧 빈민과 부랑아의 증가, 잔혹한 범죄의 증가, 질병의 확산 등과 같은 사회적 혼란과 무질서로 이어진다.

지성이 인간을 구원한다는 착각

니체는 소크라테스의 주지주의가 낙천주의, 민주주의, 공리주의와 서로 긴밀히 연관되어 있다고 본다. 소크라테스는 논리적 지성으로 인간의 모든 문제를 해결할 수 있다는 낙천주의에 빠져 있었다. 이러한 낙천주의는 근대 계몽주의가 공유하는 낙천주의이기도 하다. 근대 계몽주의는 과학과 기술의 발전을 통해 자연재해나 빈곤을 해결할 수 있다고 믿는다. 또한 민주주의나 사회주의의 실현을 통해 모두가 평등하고 자유로운 사회, 다시 말해 모두에게 이익이 되는 공리주의적인 사회를 만들 수 있다고 믿는다. 이처럼 소크라테스의 주지주의가 근대 계몽주의의 낙천주의와 민주주의, 사회주의 그리고 공리주의와 통한다는 것이다.

소크라테스주의나 근대 계몽주의를 신봉하는 자들은 사람들 사이의 모순과 갈등이 해소된 안락하고 평화로운 세계를 희구한다. 그러나 이는 그들이 삶에 지치고 삶을 견딜 만한 힘을 상실했기 때문이다. 이와 달리 그리스인들은 생명력으로 충만해 있었기 때문에 오히려 삶의 현실을 갈등과 모순 그리고 비극에 찬 삶으로서 흔쾌히 받아들였다. 그리스인들이 삶을 고뇌에 찬 것으로 인정한다는 점에서는 염세주의자이지만, 이들의 염세주의는 삶에서 도피하지 않고 그것을 긍정한다는 점에서 강함의 염세주의다. 반면 갈등과 모순에 찬 삶을 혐오하면서 모든 종류의 갈등과 모순을 제거하려고 하는 것은 생명력의 약화에서 비롯되는 약함의 염세주의다.

에우리피데스는 디오니소스적인 것을 이해하지 못했다. 그래서 그는 자신이 아폴론적인 것을 추구했다고 생각했지만, 아폴론적인 것을 디오니소스적인 기반에서 분리했다. 그 결과 그에게서 아폴론적인 것은 천박한 논리적 도식주의로 전락하고 말았다. 또한 그에게서 디오니소스적인 것은 형이상학적인 깊이를 상실한 일상적인 격정으로 나타나게 된다. 따라서 에우리피데스의 주인공들은 "흉내를 내고 변조된 열정밖에 갖지 못하며 흉내를 내고 변조된 말밖에 하지 못한다."

요컨대 에우리피데스의 연극은 소크라테스적인 논리적인 도식주의와 형이상학적인 깊이를 갖지 못한 일상적인 격정의 기묘한 혼합에 불과하다. 따라서 그것은 디오니소스적인 예술에 대립하는 아폴론적 서사의 연극도 아니다. 에우리피데스에게는 아폴론적인 서사의 연극에서처럼 아름다운 꿈의 가상을 관조하는 것이 불가능했다. 에우리피데스의 연극에는 아폴론적 관조 대신에 냉정한 사상이, 디오니스소스적 황홀 대신에 불같은 격정이 들어서게 된다. 그러한 사상과 격정은 일반인들이 이해할 수 있는 방식으로 현실을 모방한 것이었을 뿐, 예술의 에테르에 젖었던 사상과 격정이 아니었다.

단적으로 말해서 에우리피데스에게서는 지성과 감정이 분리됨으로써 지성은 논리적인 도식주의로 나타나고, 감정은 야만적인 것으로 나타났다. 니체는 이러한 지성과 감정의 분리, 아폴론적인 것과 디오니소스적인 것의 분리야말로 비극의 몰락을 초래했다고 보았다. 그리스인들에게는 아폴론적인 예술도 생에 대한 비극적인 지혜, 즉 디오니소스적인 지혜에 바탕을 둔 것이었다. 이에 반해 에우리피데스의 비극은 인식을 통해 삶의 모든 문제를 해결할 수 있다는 소크라테스적인 낙천주의에 입각한다.

에우리피데스와 함께 디오니소스는 비극 무대에서 쫓겨났다. 그러나 이렇게 비극 무대에서 디오니소스를 쫓아낸 악마적인 힘은 사실은 에우리피데스를 실질적으로 지배했던 마신魔神인 소크라테스였다. 아폴론적인 것과 디오니소스적인 것의 대립이 아니라, 디오니스소스적인 것과 소크라테스적인 것의 대립이라는 새로운 대립을 통해 디오니소스적인 것은 소멸했고, 그 결과 그리스 비극은 몰락했다.

에우리피데스가 신봉했던 미학적 소크라테스주의의 원리를 니체는 "아름답기 위해서는 모든 것이 지적으로 이해될 수 있어야만 한다"라는 말로 요약한다. 이런 기준에 따라 에우리피데스는 디오니소스적인 열광과 도취에 빠져 시와 연극을 짓는 것을 단죄하면서, 일반인들이 쉽게 이해할 수 있는 서민적인 범용성을 훌륭한 예술의 척도로 삼았다.

에우리피데스는 일상적인 인간을 주인공으로 만들었으며, 이상화된 환영을 표현했던 비극 대신 경험적인 현실 세계를 꼼꼼하게 모방했다. 정신적인 수준에서 보면 노예 같은 인간들이 무대를 지배하게 되었다. 이들은 무거운 책임을 질 줄 모르고 위대한 것을 추구하지도 않으며, 현재의 것보다 과거의 것이나 미래의 것을 높이 평가하지 않는 천박한 명랑성의 소유자들이었다.

"모든 것은 아름답기 위해 지적으로 이해될 수 있어야 한다"라는 에우리피데스의 미학 명제는 "선하기 위해서는 선에 대한 인식이 선행해야 한다"라는 소크라테스의 명제에 상응한다. 이런 의미에서 니체는 에우리피데스를 미학적 소크라테스주의 시인으로 간주한다.

소크라테스는 "덕은 지식이다. 죄는 오직 무지에서 비

롯된다. 유덕한 자는 행복한 자다"라고 말했다. 이러한 지성주의적 낙천주의가 비극의 죽음을 가져왔다. 소크라테스주의의 낙천주의적 변증론은 삼단논법의 채찍을 휘둘러 비극에서 음악을 추방했다. 디오니소스적 상태의 유일한 표현이자 형상화이자 음악의 가시적 상징화이며 디오니소스적 도취를 표현하는 꿈의 세계로 해석될 수 있는 비극의 본질을 파괴한 것이다.

본능을 부정하는 삶은 병적인 삶이다

소크라테스에 대한 니체의 비판은 니체가 말년에 쓴 『우상의 황혼』에서 정점에 달한다. 소크라테스는 출신 성분으로 볼 때 가장 낮은 민중, 즉 천민이었다. 따라서 그는 지배계급인 귀족에 대한 질투와 시기에 사로잡혀 있었다. 니체는 소크라테스의 변증법은 이러한 시기심의 표출이고 복수의 수단이었다고 본다.

소크라테스의 변증법은 반어법Ironie과 산파술로 이루어진다. 이 중 반어법은 상대방의 주장에 내포된 모순을 드러냄으로써 상대방이 스스로 무지를 폭로하게 하는 수법이다. 니체는 소크라테스의 반어법이 당시의 지배계급에 대해서 천민이 갖는 원한과 반항의 표현이라고 본다. 억압받는 자로서 그는 삼단논법이라는 예리한 비수로 상대방을 찌르면서 복수를 한다. 그는 변증법을 통해 폭군으로 군림하는 것이다. 변증가는 논쟁하는 상대방이 스스로 천치가 아니라는 사실을 증명하게 한다. 그리하여 상대방을 분노로 떨게 하는 동시에 무력하게 만든다. 상대방의 지성에서 힘을 제거해버린다.

그러나 소크라테스 이전의 훌륭한 사회에서는 변증법적 수법이 배척되었다. 변증법은 하류의 수법으로 간주되었다. 자신의 진리를 논증으로 증명해야 하는 것은 거의 무가치한 것으로 여겨졌으며, 참으로 가치 있는 것은 그 자체로 자신의 진리를 입증하는 것이었다. 따라서 소크라테스 이전에는 논증에 입각하지 않으면서도 사람들을 사로잡는 훌륭한 권위가 지배했다. 이렇게 '논증하지 않고' 명령을 내리는 곳에서 변증가라는 것은 일종의 어릿광대에 불과할 뿐이었다.

소크라테스는 아테네의 유명인사들이 자신들의 직업에 대해 올바르고 확실한 통찰을 갖지 못한 채 단순히 '본능적으로' 직업을 수행하고 있다는 사실을 발견했다. 그리고 그렇기 때문에 그들은 망상에 빠져 있다고 생각했다.

이에 반해 니체는 모든 생산적인 인간에게는 본능이야 말로 창조적이고 긍정적인 힘이라고 보았다. 항상 냉철하고, 신중하며, 의식적일 뿐 본능적인 지혜를 갖지 못하고 본능에 저항하는 삶은 병적인 것이다. 본능과 싸워서 이겨야만 한다는 것, 그것은 데카당스, 즉 쇠퇴한 생명력의 공식이다. 삶이 상승하고 있는 한, 행복은 본능과 동일한 것이다.

니체는 소크라테스주의가 서양을 장악한 후 본능의 힘이 약화되고 냉철한 지성과 이성이 그것을 대체하게 되었다고 본다. 바로 여기서 서양의 위기가 비롯된다는 것이다. 소크라테스가 죽은 후 지식욕은 전혀 예상할 수 없었을 정도로 보편적인 것이 되어서, 학문의 연마는 모든 사람에게 가장 큰 과제가 되었다. 그리하여 인류는 태양계 전체의 작용법칙까지도 통찰할 수 있게 되었다. 이 점에서 니체는 소크라테스를 세계사의 전환점이자 소용돌이로 보지 않을 수 없다고 말한다.

니체는 이러한 지식 추구도 생의 고통을 벗어나기 위한 하나의 방책이라고 말한다. 지식을 추구하는 일에는 실로

막대한 양의 힘이 소모된다. 그러나 이 힘을 인식을 위해서가 아니라 개인과 민족의 이기적인 목적을 위해 사용할 경우 곳곳에서 파괴적인 전투가 벌어지고 민족이동이 끊임없이 일어나면서 삶에 대한 본능적 욕구는 약화하고 말 것이다. 소크라테스적인 주지주의는 사람들의 힘을 인식으로 향하게 하고, 인식을 위한 노력 자체에서 기쁨을 느끼게 함으로써 고통에서 벗어나게 한다.

니체는 이렇게 말했다.

"본래의 '그리스적 명랑성'과는 다른 형식의 명랑성인 알렉산드리아적 명랑성의 가장 고귀한 형식은 **이론적 인간의 명랑성**이다. (…) 이론적 인간의 명랑성은 디오니소스적 지혜와 예술을 공격하고, 신화를 해체하려고 하며, 형이상학적 위로 대신에 현세적인 협화음을 (…) 내세운다."[14]

여기서 알렉산드리아 문화는 세계에 대한 지적 탐구를 통해 세계의 수수께끼를 풀 수 있다고 보는 낙천주의적인 주지주의 문화를 가리킨다. 알렉산드리아 문화는 알렉산더 대왕 출현 이후 약 200~300년(BC3세기에서 BC1세기)

동안, 헬레니즘 세계를 지배했던 문화적 경향을 가리킨다.

알렉산더 대왕을 기념하기 위해서 이집트에 건설된 알렉산드리아는 당시 세계 제1의 도시로서 정치·경제·문화의 중심지였다. 훌륭한 문인들을 적극 초청하는 등 학문을 장려했던 이집트 왕가의 정책으로 학문과 예술이 발전했으며, 특히 자연에 대한 연구가 활발했다. 당시 알렉산드리아 도서관은 80만 권의 장서를 보유하고 있었다. 기하학의 유클리드, 지리·역사·자연학의 에라토스테네스, 천문학의 프톨레마이오스, 문헌학의 칼리마코스 등의 대학자가 이러한 문화에서 배출되었다.

그러나 전체적으로 볼 때 이 당시 학문은 전문화되고 독창성을 결여하고 있었다. 니체는 자신이 살고 있던 19세기의 독일 문화가 알렉산드리아적 문화와 극히 유사하다고 생각했다. 니체는 이러한 알렉산드리아 문화가 소크라테스의 주지주의에 뿌리를 두고 있다고 보면서 자신을 반^反알렉산더파, 즉 '알렉산드리아 문화에 대해서 반대하는 파'라고 불렀다.

니체는 『도덕의 계보학』에서 학자들의 끊임없는 정진, 밤낮을 가리지 않고 열심히 일하는 두뇌, 일에 대한 탁월한 재주, 이 모든 것이 자신들이 삶에서 느끼는 불쾌감과 고통에서 벗어나려는 시도라고 본다. 학문은 학문이라는 고상한 가면 아래 삶의 고통에서 벗어나려는 몸부림인 것이다. 따라서 니체는 학문도 삶에 봉사해야 한다고 보면서, 이른바 '학문을 위한 학문'은 일종의 마비 증세이자 최면이라고 했다.

학자들은 삶을 고양하고 삶에 활력을 주는 것보다는 진리 자체가 중요하다고 생각하면서 조그마한 사실들을 모으는 데 몰두한다. 이런 의미에서 니체는 학문은 삶에서 느끼는 고통과 불쾌감, 즉 염세주의와의 직접적인 대결이 아니라 그것으로부터의 도피라고 본다.

심지어 니체는 학문은 종교적인 금욕주의와 동일한 생리학적인 지반을 가지고 있다고 보았다. 종교적인 금욕주의는 삶의 고통과 불쾌감으로부터 허구적인 피안 세계로 도피한다. 종교적인 금욕주의자는 정서가 메말라 있고 삶의 속도가 느리고 얼굴 모습이나 몸짓에는 진지함이 새겨져 있다. 이러한 진지함을 니체는 신진대사의 곤란, 삶의 고통의 표현이라고 했다.

또한 니체는 학자가 중시되는 시대는 피로의 시대이고

황혼의 시대이며 쇠망의 시대라고 말한다. 그것은 흘러넘치는 삶과 정력 그리고 삶과 미래에 대한 확신이 사라진 시대다. 니체는 학자는 '정신의 결핵환자'라고 말했다.

비극이 디오니소스 축제에서 비롯되었다는 니체의 연구는 당시의 고전문헌학의 연구 결과와 크게 다르지 않았다. 이와 달리 비극의 몰락을 소크라테스에서 찾는 니체의 주장은 지극히 파격적인 것이었고, 당시의 고전문헌학계에 커다란 파문을 일으켰다.

음악에서 새로운 신화가 탄생한다

음악 하는 소크라테스가 되어라

학문을 하는 사람은 세계의 모든 비밀을 다 파악할 수 있다는 망상에 사로잡혀 쉬지 않고 서둘러 달리면서 자신의 한계에 도달한다. 이러한 한계에서 지성주의적 낙천주의는 좌절된다. 만족할 줄 모르는 낙천주의적 인식욕이 비극적 체념과 예술에 대한 욕구로 전환된다.

니체는 소크라테스가 죽기 전에 자신의 지성주의가 봉착하는 한계를 깨달으면서 음악과 디오니소스적인 것의 필요성과 중요성을 감지하게 되었다고 말한다. 현대에 요구되는 인간은 이렇게 인식의 한계를 깨닫고 '음악을 하는 소크라테스'라는 것이다.

니체는 이론적 논증을 통해서 삶의 모든 문제를 해결할 수 있다고 믿었던 소크라테스적인 주지주의는 결국 근대 과학에 귀착했다고 본다. 그런데 근대 과학은 칸트와 쇼펜하우어를 통해 드러난 인식의 한계에 직면하게 되었다. 칸트와 쇼펜하우어는 과학은 실재 자체가 아니라 실재의 그림자만을 다룰 뿐이라고 본다. 과학은 인간의 오감에 비친 세계, 즉 현상세계를 탐구할 뿐이다.

칸트와 쇼펜하우어가 이렇게 과학적 인식의 한계를 드러냈음에도, 이론적 인간은 인식의 한계를 인정하는 것을 두려워한다. 여전히 인식을 통해 모든 문제를 해결할 수 있으리라고 낙관하면서, 사물에 깃든 잔인함에서 눈을 돌린 채 사물의 전모를 붙잡으려 하지 않는다.

니체는 이처럼 나약한 이론적인 인간의 모습이 근대의 소크라테스적인 문화라고 할 수 있는 오페라 문화에서 가장 전형적으로 나타난다고 본다. 오페라 무대에서 음악은 하인, 가사는 주인으로 간주된다. 또한 음악은 육체, 가사는 정신에 비유된다. 음악은 디오니소스적인 세계의 거울이라는 존엄성을 박탈당한다. 음악은 현상의 노예로서 현상의 형식을 흉내내고 선과 비례의 유희를 통해 피상적인 흥미를 일으키는 일 외에는 아무것도 하지 않는다.

그런데도 오페라는 자신들이 이러한 음악을 통해서 원시적인 선량한 인간을 다시 회복했다고 자부한다. 오페라 문화의 이런 낙천주의는 이론 탐구를 통해 세계의 비밀을 다 풀 수 있으리라는 이론적인 인간들의 문화가 갖는 천박한 명랑성과 통한다.

니체는 이처럼 천박한 오페라 문화에 대항해, 독일 정신의 디오니소스적 기반에서 새로운 힘이 솟아올랐다고 보았다. 그 힘이란 바흐에서 베토벤으로, 베토벤에서 바그너로 이어진 독일 음악이다.

동일한 디오니소스적 기반에서 흘러나온 칸트와 쇼펜하우어의 독일 철학은 소크라테스주의의 한계를 증명함으로써 그것의 자기만족을 파괴했다. 이런 증명을 통해 예술에 대한 보다 깊고 보다 진지한 고찰이 시작되었다. 니체는 칸트와 쇼펜하우어의 이런 고찰이야말로 디오니소스적 지혜라고 말한다. 독일 음악과 독일 철학 사이에 이루어진 통일의 신비야말로 현대인들에게 하나의 새로운 존재 방식을 가리킨다.

『비극의 탄생』에서 니체는 이처럼 칸트와 쇼펜하우어를 높이 평가했다. 그러나 앞서 설명했듯, 그 후 니체는 칸트와 쇼펜하우어를 격렬하게 비판한다. 니체는 칸트도 쇼펜하우어도 아직 그리스도교적인 이원론적인 사고방식과 가치관에 사로잡혀 있다고 본다. 그들은 건강한 본능의 실현 대신에 본능적인 욕망을 억누르는 도덕적 양심이나 금욕주의를 주창하고 있다는 것이다.

신화는 우리에게 살아갈 강력한 힘을 준다

어떻든 니체는 바흐에서 바그너에 이르는 독일 음악, 그리고 칸트와 쇼펜하우어의 독일 철학에서 디오니소스적인 비극 정신이 부활했다고 본다. 니체는 독일 민족에게서 그렇게 기적같이, 갑작스럽게 비극이 깨어났다는 사실이 어떤 민족의 가장 내적인 생에서 무엇을 의미하는지는 오로지 그리스인들에게서 배울 수 있다고 말한다.

그리스인들이 페르시아 전쟁에서 승리했던 위대한 시기에 디오니소스적 충동과 아폴론적인 정치적 충동이 유난히 강력했었다. 그럼에도 그들은 불교처럼 황홀한 명상에 탐닉하거나 세속적인 권력이나 명예에 대한 불타는 갈망에 사로잡혀 자신을 소진하지 않았다. 그들은 삶에 활력을 불어넣으면서도 동시에 관조적인 기분으로 이끄는 저 훌륭한 혼합을 성취했다. 이것을 가능하게 했던 것이 바로 비극이다.

니체는 바그너의 음악에서 새롭게 태어나고 있는 비극도 독일 민족에게 이러한 의미를 갖는다고 말한다. 그것은 인도인들의 현실 도피적인 황홀경이나 로마인들의 세속적인 정복으로 나아가지 않는 제3의 길을 보여준다. 그것은 디오니소스적인 황홀경을 유지하면서 현실의 삶을 아폴론적인 이상화된 형태로 살아가는 삶이다.

이런 맥락에서 니체는, 유럽의 미래는 이론적 세계관과 비극적 세계관 사이의 영원한 투쟁에서 어떤 것이 승리하는가에 따라 결정될 것이라고 했다. 쉴 새 없이 앞으로 돌진하는 학문 정신이 초래한 가장 중대한 결과는 신화의 파괴다. 학문은 신화를 형이상학적인 진리를 담은 것으로 보지 않고, 그저 특정한 역사적인 조건이 만들어낸 상상물로 해체해버린다.

그러나 니체는 신화야말로 사람들에게 살아갈 수 있는 강력한 힘을 부여한다고 보았다. 현대는 모든 신화가 소크라테스적인 논리적 주지주의의 압력으로 사라진 시대다. 이 시대에 사람들의 삶은 이미 텅 비어 껍데기만 남았다.

니체는 진정한 신화는 진정한 디오니소스적인 음악에서만 나타날 수 있다고 보면서, 이런 음악이 바흐와 베토벤을 거쳐서 바그너에게서 나타나고 있다고 보았다. 사멸 직전에 있던 그리스 신화가 디오니소스적인 음악 정신에서 새롭게 탄생할 수 있었던 것처럼, 니체는 바그너의 음악에서 새로운 신화가 탄생할 수 있다고 본 것이다.

이런 의미에서 니체의 첫 번째 작품인 『비극의 탄생』은 그리스 비극에 대한 철학적 성찰을 통해 자신의 시대가 나아갈 방향을 찾으려고 했다. 아울러 그리스 비극의 기원과 본질을 통찰함으로써 바그너의 음악이 현대에 대해 가지는 심원한 의의를 밝히려는 시도였다.

니체에게 바그너의 음악은 그리스 비극의 종언과 함께 서양의 역사를 지배해온 소크라테스주의와 그것의 천박한 아류적인 경향을 극복하는 결정적인 대안이었다. 그에 따르면 바그너의 음악에서 그리스 비극 정신이 부활했다. 따라서 니체는 이미 그 한계와 피로를 보이는 소크라테스주의의 명맥을 이어갈 것인지, 아니면 바그너의 음악을 통해 재탄생하고 있는 그리스 비극 정신을 수호할 것인지 결단할 것을 촉구한다.

참된 예술은
삶을 구원한다

삶에 대한 체념을 배울 것인가, 긍정을 배울 것인가

앞에서 살펴본 것처럼 『비극의 탄생』은 쇼펜하우어와 바그너의 영향을 크게 받았다. 그렇다고 해서 니체가 쇼펜하우어나 바그너의 생각을 단순히 답습하고 있다고는 할 수 없다. 『비극의 탄생』에서부터 니체는 어떤 점에서는 이미 쇼펜하우어의 사상을 넘어서고 있다.

「자기비판의 서문」에서 니체는 『비극의 탄생』을 "청년의 용기와 우수로 가득 차 있는 책이며, 어떤 권위와 숭배의 대상에 굴복하는 것처럼 보이는 대목에서도 독자성을 잃지 않는 반항적이고 자립적인 책이다"라고 자평했다. 여기서 언급된 '어떤 권위와 숭배의 대상'이 쇼펜하우어와 바그녀를 말한다는 것은 자명하다. 니체는 자신이 『비극의 탄생』에서도 쇼펜하우어와 바그너의 사상을 맹목적으로 따르지 않고 나름의 독립성을 유지하고 있다고 생각하는 것이다.

그러나 니체는 『비극의 탄생』이 지나치게 감상적이며 여성적으로 보일 정도로 감미롭다고 말한다. 나는 니체가 이렇게 말할 때 염두에 둔 부분은 "디오니소스적인 도취 속에서 만물이 통일과 조화를 이루게 된다"라고 말하는 부분이라고 생각한다.

후기 니체는 모든 갈등과 대립 그리고 경쟁이 사라진 사회를 바람직하다고 보지 않는다. 그는 '거리의 파토스Pathos der Distanz'에 대해 말하면서 보다 고귀한 인간이 되기 위해 사람들이 서로 경쟁하는 사회가 바람직한 사회라고 말한다. 거리의 파토스는 자신과 다른 사람들 사이의 거리를 넓히면서 탁월한 존재가 되고 싶어 하는 의지다. 이와 함께 후기 니체는 인간들 사이의 갈등과 대립 그리고 경쟁이 사라진 사회를 꿈꾸는 사회주의자들이나 무정부주의자들을 감상적이며 여성적이라고 비판한다.

니체는 우리가 사는 경험적인 현실세계가 유일하게 실

재하는 세계라고 생각하며, 이러한 현상세계를 떠난 물 자체의 영역, 혹은 쇼펜하우어가 말하는 개별화되지 않은 혼융일체의 의지를 부정한다. 모든 인간은 힘을 향한 의지를 추구한다. 이 결과 만인의 만인에 대한 투쟁이 생긴다. 삶은 항상 이런 것이었고 만인의 평등과 고귀함을 내세우는 도덕이 역사적으로 출현하기 전까지는 인간의 삶도 이러했다. 강한 자가 약한 자를 지배했기 때문에 사람들은 보다 강한 인간이 되려고 노력했다. 그리고 피지배자 역시 강한 자를 섬기면서 강한 자의 힘을 빌림으로써 자신보다 약한 자들에 군림하려고 했다.

그러다가 2, 3천 년 전에 소크라테스나 예수 같은 자들이 등장해 도덕을 만들어냈다. 이들은 강한 자는 약한 자를 무시하지 말고 겸손해야 하며 그들을 돌봐야 한다고 주장했다. 그러나 이러한 민주적인 사고방식이 지배하게 되면서, 사람들은 사실은 천박하고 저열한 존재에 불과하면서도 자신들의 천부인권을 내세우면서 강하고 고귀한 자들과 동등한 권리를 요구하게 되었다. 그 결과 사람들이 더 이상 자신을 고양하려고 하지 않는 하향평준화의 사회가 나타나게 되었다.

쇼펜하우어는 현상세계에서는 차별과 차이가 지배하지만 물자체인 근원적인 세계의지에서는 모든 것이 동일하다고 추정한다. 그리고 이러한 동일성을 이유로 우리는 다른 인간들이나 생물들의 고통에 대해 동정심과 자비를 느껴야 한다고 주장했다. 쇼펜하우어는 인간 행위의 근본 동기로 자신의 행복만을 바라는 이기주의와 다른 사람들의 고통을 원하는 악의惡意, 그리고 다른 사람들의 행복을 원하는 동정을 들고 있다. 쇼펜하우어는 그중에서 동정이야말로 도덕의 기초가 된다고 본다.

쇼펜하우어는 살아 있는 모든 것은 생의 본질인 맹목적인 자기 보존과 종족 보존을 추구하는 의지에 내몰리면서 다른 것들과 투쟁 상태 속에 존재한다고 보았다. 따라서 살아 있는 모든 것은 근본적으로 이기주의적인 성격을 가지며, 더 나아가 다른 것의 불행을 보면서 쾌감을 느끼는 악의에 차 있다. 이에 반해 동정을 느낄 때 우리는 다른 사람의 고통을 함께 느끼면서 이기주의적인 자기 보존욕과 종족 보존욕을 넘어서게 된다.

후기 니체는 자비심과 동정심의 근원을 쇼펜하우어와는 달리 근원적 세계의지 차원에서의 동일성에서가 아니라, 허약한 군중의 이해와 관심에서 찾는다. 자비심과 동정심이 이상적인 덕목으로 간주되는 사회에서 이득을 보는 자들은 허약하고 병약한 다수의 인간이다. 이런 의미에서 만인의 평등과 고통받는 인간들에 대한 동정과 자비를 요체로 하는 도덕이란 허약하고 병약한 다수의 인간이 자신들의 이익을 위해 만들어낸 이데올로기에 지나지 않는다.

쇼펜하우어는 동정을 통해 개인의 생존 의지로 개별화된 의지를 포기하면서, 개별화된 의지의 근저에 있는 세계의지와 하나가 된다고 본다. 쇼펜하우어의 이러한 입장에 대해 다시 후기 니체는 그런 세계의지를 형이상학적인 허구로 보면서, 세계의지와 합일하려는 의지를 허구의 무를 향한 의지로 본다. 그러한 의지는 모든 것이 서로 갈등하고 투쟁하는 현실세계에서 벗어나 모든 것과 하나가 되었다는 환상으로 도피하려는 의지라는 것이다.

이렇게 쇼펜하우어를 비판하면서 후기 니체는 쇼펜하우어의 예술관에서 온전히 벗어나게 된다. 후기 니체는 특히 『우상의 황혼』에서 아폴론적인 예술도 도취에서 비롯된 것으로 본다. 이러한 도취를 후기 니체는 근원적인 일자와 같은 형이상학적인 관념을 끌어들여서 설명하지 않고 생리학적인 현상으로 본다.

이 경우 도취란 온 기관 전체의 흥분감이 고양되는 상태를 말한다. 이러한 도취는 원시적인 형태의 성적인 흥분일 수도 있으며, 봄날의 도취처럼 날씨에 의해 기분이 고양되는 것일 수도 있다. 이렇게 도취는 여러 원인에 의해서 생겨날 수 있지만 '힘의 충만과 상승의 느낌'이라는 공통점을 갖는다.

『비극의 탄생』에서 도취는 개체가 자신의 개체성을 망각하고 우주의지와 하나가 되는 합일의 느낌을 가리킨다면, 후기 니체에서 도취는 힘의 상승과 고양의 느낌을 가리킨다. 단순히 심리적 상태만이 아니라 신체 전체의 흥분 상태이자 신체 전체가 느끼는 '쾌감'의 상태다. 도취를 경험할 때 우리의 혈관과 신경과 근육이 흥분하고 일깨워지면서 심리적인 차원에서는 황홀경을 경험하게 된다.

『비극의 탄생』에서 도취는 개체성의 망각을 가리킨다면, 후기 니체에서는 개체가 경험하는 힘의 강화와 고양을 가리킨다. 『비극의 탄생』에서 개진하는 니체의 초기 예술철학은 개별적인 현상들의 근저에 존재하는 형이상학적인 세계의지와의 합일을 촉구하는 예술가-형이상학이다. 이에 반해 후기 니체의 예술철학은 힘의 고양과 상승을 지향하는 힘을 향한 의지라는 개념에 입각한 예술생리학이다.

『비극의 탄생』에서 아폴론적인 것은 꿈을 꾸려는 충동으로, 그리고 디오니소스적인 것은 도취를 맛보고 싶은 충동으로 설명된다. 그러나 『비극의 탄생』에서 디오니소스적인 것의 핵심적인 성질로 제시했던 '도취'라는 표현을 『우상의 황혼』에서는 아폴론적인 것에 대해서도 사용한다. 즉 디오니소스적 도취뿐만 아니라 아폴론적 도취라는 개념도 사용하는 것이다. 또한 앞에서 본 것처럼 도취라는 개념도 『비극의 탄생』에서와는 다른 의미로 사용한다.

도취 상태에서 사람들은 자신이 충만해진 덕분에 모든 것을 풍요롭고 충일한 것으로 만든다. 무엇을 보고 무엇을 바라든 자신이 보고 바라는 것이 충일하고 강하고 힘으로 가득 차 있다. 인간은 사물과 세계에 자신의 모습을 투영하는 것이다. 따라서 아름다운 인간, 즉 힘의 상승이라는 도취에 사로잡힌 인간만이 사물과 세계를 아름답게 보며, 그렇지 않은 인간은 사물과 세계를 추하고 무가치하며 무의미하게 본다.

의지의 진정제에서 삶의 자극제로

쇼펜하우어의 철학적 도식에 크게 의존하고 있는 초기와 달리, 후기의 니체는 이러한 철학적 도식에서도 벗어나게 된다. 니체는 더 이상 개별적인 현상세계의 근저에 통일적인 세계의지가 있다는 형이상학적인 가설을 받아들이지 않는다. 니체는 오직 존재하는 것은 개별적인 무수한 힘을 향한 의지뿐이라고 본다.

아울러 초기 니체가 쇼펜하우어와의 일정한 입장 차이에도 불구하고 쇼펜하우어에 대해 기본적으로 존경과 흠모의 자세를 취하고 있는 반면, 후기 니체는 쇼펜하우어를 노골적으로 비판하고 그에 대해 부정적인 태도를 보인다.

니체에 따르면, 쇼펜하우어는 예술, 영웅주의, 천재, 아름다움, 인식, 비극이 '의지'를 부정하면서 삶의 체념을 가르치고 있다. 쇼펜하우어는 특히 예술이 사람들을 관조적인 인식의 상태에 빠지게 하면서, 맹목적인 생존 욕망에 따라 내몰리는 상태에서 벗어나게 하는 위로 수단이라고 본다. 쇼펜하우어의 이러한 예술관을 니체는 "그리스도교를 제외하고는 역사상 가장 엄청난 심리학적 날조"라고 평한다.

더 나아가 니체는 쇼펜하우어가 그리스도교적 해석의

상속자에 불과하다고 본다. 쇼펜하우어는 그리스도교가 속된 것으로 거부했던 영웅주의, 천재, 아름다움, 인식, 비극을 받아들이면서도, 그리스도교적인 의미로, 다시 말해 대지와 삶을 부정하는 염세주의의 관점에서 그것들을 해석한다. 그는 예술을 현실과 고통 그리고 생에서 벗어나 죽음과 같은 평안에 이르게 하는 구원의 길로 여겼다.

쇼펜하우어는 예술이 일시적인 구원을 가져다줄 뿐이라고 본다. 우리가 예술을 통해 아름다움을 경험하는 그 순간에만 맹목적인 욕망에서 구원된다는 것이다. 따라서 욕망으로부터 영원한 구원을 얻기 위해서는 금욕적인 행위를 통해 욕망을 완전히 근절하고 부정해야만 한다고 했다.

또한 쇼펜하우어는 아름다움이 인간의 가장 강력한 욕망 중 하나인 성욕에서 구원해준다고 찬미한다. 아름다움에서는 생식 충동이 부정되고 있다고 본 것이다. 이에 반해 니체는 자연의 모든 아름다운 소리나 색깔, 향기, 율동적인 움직임은 모두 성욕 내지 생식 충동과 연관된다고 본다. 성욕, 생식 충동은 자연의 사물들이 자신을 아름답게 만들고 표현하도록 몰아댄다. 아름다움은 생식 충동에서 비롯되는 것일 뿐 아니라 생식 충동을 자극한다.

이러한 사실은 감각적인 아름다움뿐 아니라 정신적인 아름다움에 대해서도 타당하다. 정신적인 아름다움도 우리가 정신적으로 무엇인가 아름다운 것을 산출하도록 자극한다는 것이다. 이와 관련하여 니체는 우리가 신체의 아름다움, 성격의 아름다움, 학문의 아름다움 등에 이끌려 새로운 존재로 다시 태어난다고 보았던 플라톤의 사상을 긍정적으로 언급한다.

더 나아가 니체는 플라톤의 변증법은 아테네의 아름다운 청년들을 매료하기 위한 플라톤의 성적인 욕망에서 비롯된 것으로 본다. 또한 고전적 프랑스의 모든 고급문화와 문학 역시 성적 관심의 토양 위에서 성장했다고 본다. 다시 말해 많은 예술이 쇼펜하우어가 말하고 있는 것처럼 모든 욕망에서 벗어난 관조의 상태에서 탄생하는 것이 아니라, 오히려 성적인 욕망에 바탕을 두고 있다는 것이다. 이 점에서 니체는 예술을 성욕의 승화라고 보는 프로이트의 견해를 선취했다고 할 수 있다.

쇼펜하우어에 대한 니체의 입장이 이렇게 비판적이고 부정적으로 변하면서, 니체는 『비극의 탄생』도 원래는 쇼펜하우어의 정신과 취향에 근본적으로 대립하는 것이었다고 말한다. 예를 들면, 쇼펜하우어는 비극이 설파하는 지혜를 인생에 대한 체념으로 보는 반면, 니체 자신은 비극이 인생에 대한 긍정을 설파하고 있다고 보았다. 그런데『비극의 탄생』에서는 쇼펜하우어의 철학과 언어를 사용함으로 인해 자신의 이러한 통찰이 제대로 드러나지 않았다는 것이다.

니체는 비극에서 영웅이 겪는 고통과 운명은 비극의 영웅조차도 무자비하게 희생시킬 수 있을 정도로 강력한 힘으로 넘치는 세계의지를 표현한다고 본다. 이러한 세계의지를 니체는 디오니소스 신이라고 부른다. 비극은 유희하듯이 세계를 지었다가 파괴하는 디오니소스 신처럼 세계 내의 그 모든 고통과 고난에도 불구하고 생을 유희하듯이 살라고 말한다. 강한 생명력의 소유자, 다시 말해 디오니소스적인 생명력의 소유자는 현상세계에서의 삶을 유희하듯이 즐길 뿐이다. 그는 이렇게 그 모든 고통과 고난도 흔쾌하게 받아들이면서 자신의 강력한 힘에 대해서 강한 자부심과 긍지를 갖는다.

영원히 반복되기를 바랄 정도로 그대의 운명을 사랑하라

후기 니체는「자기비판의 시도」에서 쇼펜하우어를 비판하는 것과 함께 바그너의 음악과 당시의 독일 정신에 대한 자신의 기대가 그릇된 것이었음을 고백한다.『비극의 탄생』을 쓸 당시 독일 정신이 바그너의 음악을 통해 자기 자신을 재발견하고 인식하게 될 거라고 기대했던 것을 후회한다. 당시의 독일 정신은 유럽을 문화적으로 주도하기보다는 독일 제국의 건설과 민주주의를 추구하고 있었다고 비판하면서, 독일 정신의 재탄생에 대한 자신의 기대는 잘못된 것이었다고 고백한다.

니체는 후기로 갈수록,『비극의 탄생』에서 자신이 독일 정신과 비교하면서 비웃었던 프랑스인들과 프랑스 문화를 더 긍정적으로 평가하며, 오히려 독일인들과 독일 문화를 신랄하게 비판한다.

니체는『비극의 탄생』에서 바그너가 회복하려고 했던 게르만 정신과 그리스 정신이 동일하다고 주장했다. 그러나「자기비판의 시도」에서는 바그너의 음악을 가장 비#그리스적인 음악으로 평한다. 그는 바그너의 음악에 대해서 이렇게 말한다.

"더 나아가 이 독일 음악은 가장 신경을 망가뜨리며 술 마시기 좋아하고 애매함을 미덕으로 찬양하는 민족[독일 민족]에게는 이중으로 위험하다. 즉 그것은 도취시키는 것과 동시에 **몽롱하게 한다**는 이중의 속성을 갖는 마취제라는 점에서 위험한 것이다."[15]

후기 니체는 『비극의 탄생』을 쓸 당시에 자신이 가장 현대적인 것에 너무 성급한 기대를 걸어서 자신의 첫 번째 작품을 망쳤다고 말한다. 이렇게 말할 정도로 바그너의 음악과 당시의 독일 정신에 대한 환멸이 컸다.

니체가 '음악 정신으로부터의 비극의 재탄생'이라는 초판의 제목을 신판에서는 '비극의 탄생 또는 그리스 문명과 염세주의'로 바꾼 이유도, 자신의 책이 바그너의 음악을 정당화하거나 미화한다고 해석되는 것을 막기 위해서였다. 니체는 자신의 책이 바그너의 음악을 미래의 음악으로 선전하기보다 그리스 문명이 비극을 통해 염세주의를 어떻게 극복하려고 했는지, 그러한 염세주의 극복이 우리 시대에 어떤 의의를 갖는지 밝히려 했다고 말하고 싶었던 것이다.

후기 니체의 바그너 비판은 다른 한편으로는 음악이나

갖가지 이데올로기에 의해 쉽게 최면 상태에 빠지는 근대 대중사회에 대한 비판이라고도 할 수 있다. 니체는 바그너의 성공은 무엇보다도 대중, 특히 신경이 예민하고 권위에 의지하고 싶어 하는 여성들을 일종의 음악적 최면을 통해 사로잡은 데서 비롯했다고 본다. 니체는 바그너의 음악이 암시적인 최면 효과를 가진다고 보았으며, 그런 최면에 잘 걸리는 것은 근대의 대중이 보이는 현상이라고 생각했다.

이런 맥락에서 니체는 바그너의 음악을 결코 독창적인 것으로 보지 않고, 대중의 신경을 교묘하게 자극하고 사로잡는 선전술로 보았다. 바그너의 언어는 대중의 열광을 불러일으키기 위해 교묘하게 고안된 극장의 언어이며, 바그너는 대중을 사로잡고 지배하려는 폭군적인 배우라는 것이다.

니체의 바그너 비판은 카리스마를 가진 인물에 대한 근대 대중의 열광과 예속에 대한 비판이라고도 할 수 있다. 따라서 바그너 음악이 대두한 시점과 독일 제국이 도래한 시점이 일치한다는 것은 깊은 의미를 갖는다. 후기 니체는 바그너 음악을 니힐리즘적이고 민족주의적이며 반유태주의적 음악으로 보면서 데카당스의 전형으로 간주했다.

니체는 바그너와 같은 인물을 심지어 퓌러Führer(총통)라고 부르는데, 퓌러는 나치 시대에 독일인들이 히틀러를 부르던 칭호다. 바그너의 국수주의적이고 반유태주의적 이데올로기와 바그너에 대한 독일인들의 열광은 나치즘과 히틀러에 대한 독일 대중의 열광과 유사하다고 볼 수 있다. 이 점에서 니체가 바그너의 이데올로기와 음악에 대한 독일인들의 열광에 가했던 비판은 예언적인 성격까지 갖는다.

니체가 「바이로이트의 바그너」라는 초기 글에서 당시의 예술에 가했던 비난은 바그너의 예술에 그대로 적용된다. 그는 바그너를 염세주의적인 낭만주의자로 폭로하고, 그의 예술은 사람들을 세련된 형태의 현실 도피로 이끄는 아편 같은 것이라고 했다. 바그너가 데카당스, 즉 생명력의 퇴화를 극복하려고 했지만 결국 데카당스에 빠진 것은 쇼펜하우어의 철학에 심취되었기 때문이었다고 했다. 바그너는 자신의 혁명적인 이념을 부인하고 염세주의자가 되었다는 것이다.

니체 역시 『비극의 탄생』에서 염세주의를 극복하려고 하면서도, 다른 한편으로는 쇼펜하우어의 영향을 받아 염세주의에서 완전히 빠져나오지 못했다고 할 수 있다. 후기 니체는 인간들이 자신의 개체성을 망각하고 디오니소스적 황홀경에 몰입하는 것을 일종의 현실 도피이자 퇴폐이고 몰락이라고 본다. 또한 현실을 있는 그대로 긍정하는 영원 회귀 사상이 디오니소스적인 태도를 가장 잘 구현하고 있다고 본다. 『이 사람을 보라』에서 니체는 젊은 시절에 자신이 바그너 음악에서 들었던 것은 사실은 바그너와는 아무런 관계가 없다고까지 말한다.

'후기 니체'로 나누는 시점은 언제이며,
그의 생각이 변화한 계기나 영향을 미친
사건은 무엇인가?

니체의 사상은 보통 초기와 중기 그리고 후기로
나뉜다. 그러나 이러한 분류를 엄격한 것으로 간
주해서는 안 된다. 세 시기 사이에는 차이 못지않
게 공통점과 연속성도 존재하기 때문이다. 초기
저작에 속하는 것들로는 『비극의 탄생』, 『반시대
적 고찰』 등이 있다. 이 당시 니체는 바그너 음악
에 열렬히 심취해 있었고 낭만주의적인 경향을 보

였다.

1876년 극심한 두통과 계속되는 눈병으로 대학 강의를 쉬게 된 후, 니체는『인간적인, 너무나도 인간적인』을 썼다. 이 책을 계기로 니체의 사상은 초기의 낭만주의적인 경향을 넘어서 냉철하게 분석하고 해부하는 경향을 띠게 된다. 니체는 이 책과 1881년의『아침놀』그리고 1882년의『즐거운 지식』에서 기독교와 기독교적인 도덕의 기원과 병폐를 생리학적으로 냉정하게 해부하며 그에 대한 대안으로서 운명애와 영원 회귀 사상을 암시한다.『인간적인, 너무나도 인간적인』,『아침놀』,『즐거운 지식』이 중기 저작에 속한다고 볼 수 있다.

두통과 만성적인 불면증을 비롯한 병마에 끊임없이 시달리던 니체는 1879년 5월 결국 교수직을 사퇴하게 된다. 1883년에서 1885년에 걸쳐서 니체는 자신의 대표작『차라투스트라는 이렇게 말했다』를 저술한다.

여기서 니체는 영원 회귀 사상과 초인 사상을

본격적으로 설파한다. 니체는 자신이 스위스 실즈 마리아의 실바플라나 호수를 따라 숲속에서 걷다가 피라미드처럼 우뚝 솟은 거대한 바위 앞에 멈춰 섰을 때 영원 회귀 사상에 엄습되었다고 말한다. 니체는 이때 자신도 모르게 "이것이 삶이었던가, 얼마든지 다시 오라"라고 외쳤다고 한다.

『차라투스트라는 이렇게 말했다』를 비롯하여 『선악의 저편』, 『도덕의 계보학』, 『바그너의 경우』, 『니체 대 바그너』, 『우상의 황혼』, 『안티크리스트』, 『이 사람을 보라』가 후기의 저작들이다.

니체는 후세의 지성계에 어떤 영향을 미쳤는가?

니체는 자신을 '다이너마이트'라고 불렀다. 자신은 서양을 2500년에 걸쳐서 지배해온 플라톤적인 형이상학과 기독교를 파괴하려는 자라는 것이다. 니체는 칸트의 철학이든 헤겔의 철학이든 마르크스의 철학이든 결국 기독교의 영향 아래 있다고 보았다. 이뿐 아니라 현대의 민주주의와 사회주의와 같은 정치적 이념도 모두 기독교의 영향 아래에 있다고 보았다.

따라서 니체는 비단 플라톤적인 형이상학과 기독교만을 파괴하려고 할 뿐 아니라 그것들의 영향 아래 있는 서양철학 전체와 서양문화 전체를 파괴하려고 했다.

서양철학의 역사에서 니체만큼 철저하게 전통을 파괴하려고 한 자는 없다. 그러나 니체는 파괴를 위한 파괴를 목표하는 것이 아니라 새로운 창조를 위해서 파괴한다. 니체는 서양의 전통철학과 종교가 인간의 몸과 정신을 병들게 만들었다고 본다.

따라서 니체는 서양의 전통철학과 종교를 철저하게 파괴함으로써 인간의 몸과 정신을 건강하게 만들 수 있는 새로운 철학을 건립하려고 했다. 니체는 2500년 동안의 서양문명을 파괴하면서 새로운 시대와 세계를 여는 문화혁명의 기폭제가 되려고 한 것이다.

파괴자이자 창조자로서의 니체의 이러한 면모 때문에 철학자들과 심리학자들뿐 아니라 많은 창조적인 예술가들이 니체의 사상에 매료되었다. 니체는 독일의 대표적인 실존철학자인 카를 야스퍼스와 마르틴 하이데거, 프랑스의 장 폴 사르트르와 알베르 카뮈, 자크 데리다, 미셸 푸코, 질 들뢰즈 등에 지대한 영향을 끼쳤다. 프로이트, 알프레드 아들러, 카를 융과 같은 심리학자들도 니체에게서 깊은 영향을 받았다.

문학가 중에서는 D.H. 로렌스, 버나드 쇼, 제임스 조이스, 윌리엄 버틀러, W.B. 예이츠, 토마스 만, 헤르만 헤세, 라이너 마리아 릴케, 슈테판 게오르게, 앙드레 말로, 앙드레 지드 등에게 니체는 영감의 원천이 되었다. 더 나아가 니체는 기독교를 부정했음에도 불구하고 파울 틸리히 같은 신학자에게까지 큰 영감으로 작용했다. 니체는 오늘날의 지성계에도 지속적으로 큰 영향을 미치고 있다.

고대 그리스 비극 정신에서 찾은 새로운 신화

니체는 『이 사람을 보라』에서 『비극의 탄생』이 2000년에 걸친 반자연과 인간 모독을 암살하려는 계획이었다고 했다. 그는 반자연과 인간 모독의 대표적인 예를 소크라테스에서 찾았다. 그러나 시간이 갈수록 니체는 반자연과 인간 모독의 대표적인 예를 그리스도교, 그리고 민중을 위한 그리스도교라고 보았던 플라톤주의에서 찾았다. 니체가 보기에 그리스도교는 플라톤 철학이 말하는 것을 사람들이 이해하기 쉬운 신화를 통해서 이야기했다. 그리스도교와 플라톤주의는 이원론에 입각하여 현실 세계를 허망하고 악과 투쟁에 가득 찬 곳으로, 그리고 인간을 유한하고 죄 많은 존재로 폄하한다.

니체는 자신의 철학은 그리스도교인들과 플라톤주의자들처럼 퇴화한 자들과 건강한 자들에게 기생하면서 그들을 병들게 만들려는 자들에 대한 공격이며, 이러한 공격이 『비극의 탄생』에서부터 시작한다고 본다. 그리고 자신의 철학을 신봉하는 자들을 '생명당파Partei des Lebens'라고 부른다. 이들은 소크라테스 이후의 주지주의와 그리스도교와 플라톤주의의 이원론으로 인해 퇴화한 생명을 회복하는 것을 사명으로 갖는다. 이 점에서 『비극의 탄생』에서 니체가 시도하는 것은 단순히 그리스 비극과 예술의 본질을 새롭게 파악하려는 게 아니라 인간을 변혁하려는 것이라고 할 수 있다.

니체는 『비극의 탄생』에서 삶의 고통과 고난을 견디기 위해 인간에게는 환상이 필요하다고 말한다. 첫 번째 환상은 소크라테스적인 인식의 기쁨에 매혹되어 인식을 통해 삶의 고통과 고난을 극복할 수 있다는 환상이다. 두 번째 환상은 일상적인 삶을 아름답고 신적인 것으로 변용하는 아폴론적 환상이다. 세 번째 환상은 끊임없이 생성되고 소멸하는 다양한 개체로 이루어진, 현상세계의 배후에 영원하고 근원적인 일자가 존재한다는 형이상학적 환상이다.

그리고 니체는 환상에는 마약이나 술과 같은 것을 통해 얻는 '저속하고 강력한 환상들'이 있을 수 있다고 본다. 『비극의 탄생』에서는 언급하지 않지만, 니체는 그리스도교나 플라톤주의의 이원론적 환상도 고통과 고독에서 벗어나기 위한 자극제라고 볼 것이다.

니체는 이런 자극제 중 어떤 것은 인간이 삶에서 겪는 고통과 고난을 완화하는 데 도움이 되기는 하지만, 동시에 인간을 병들게 만든다고 보았다. 소크라테스적인 주지주의는 지성은 발달했지만 건강한 본능과 열정을 상실한 인간을 만든다. 또 이원론적인 환상은 인간을 유한하고 죄 많은 존재로 보면서 무력감과 죄책감에 사로잡히게 한다.

니체는 중기 작품에 해당하는 『인간적인 너무나 인간적인』에서 진정한 예술에 대한 적을 소크라테스적인 주지주의를 계승하고 발전시킨 과학에서가 아니라 신비적인 것, 망상적인 것, 낭만적인 것에서 발견한다. 오히려 그는 근대 과학이 인간을 허구적인 이원론적 신앙에서 벗어나게 해주고 신이나 사후세계에 대한 두려움에서 벗어나게 했다는 점에서 근대 과학을 긍정적으로 평가한다. 근대 과학 덕분에 사람들이 허구적인 이원론과 같이 삶을 병들게 만드는 사상에서 벗어날 수 있었다는 것이다.

그러나 니체는 과학을 통해서만 인간의 삶을 개선할 수 있다는 과학주의에 대해서는 시종일관 비판적이었다. 후기 니체 역시 근대인의 삶이 활력을 갖기 위해서는 새로운 신화가 필요하다고 보았으며, 이런 신화를 인간과 세계의 디오니소스적인 성격을 드러내는 힘을 향한 의지 사상과 영원 회귀 사상에서 발견했다. 그리고 이러한 디오니소스적인 근원적인 힘은 진정한 예술을 통해 표현될 수 있다고 보았다. 고갱과 피카소가 과학과 주지주의와 이원론적인 사고방식에 왜곡되지 않은 야성적인 삶의 근원적인 힘을 유럽이 아닌 타히티와 아프리카에서 발견했듯, 니체는 고대 그리스에서 그러한 힘을 발견했다.

우리는 지금까지 『비극의 탄생』을 바탕으로 하여 예술과 인간 그리고 세계에 대한 니체의 사상을 살펴보았다. 니체는 대학 시절에 쇼펜하우어의 『의지와 표상으로서의 세계』를 읽고 염세주의에 빠진 적이 있었다. 나는 단순히 『비극의 탄생』을 해설하는 것을 넘어 염세주의를 극복하려는 니체의 고뇌, 그리고 전통적인 철학과 종교와의 전면적인 대결을 통해 독자적인 사상을 펼치려고 했던 청년 니체의 패기와 열정을 전하고 싶었다.

예술에는 다양한 흐름이 존재하며, 인간의 성격도 삶도 다양하다. 따라서 모든 예술에 타당한 예술철학이나 모든 인간에게 타당한 인간학을 제시한다는 것은 불가능하다. 그럼에도 니체가 『비극의 탄생』에서 전개한 사상은 예술은 무엇이고, 인간은 어떤 존재인가를 생각하는 데 좋은 실마리가 된다.

주석

1. 프리드리히 니체, 『비극의 탄생』, 박찬국 옮김, 아카넷, 2007, 19쪽.

2. 같은 책, 60쪽.

3. 프리드리히 니체, 『이 사람을 보라』, 박찬국 옮김, 아카넷, 2022, 136쪽.

4. 프리드리히 니체, 『비극의 탄생』, 박찬국 옮김, 아카넷, 2007, 249쪽.

5. 같은 책, 63쪽.

6. 같은 책, 118쪽.

7. 프리드리히 니체, 『비극의 탄생』, 박찬국 옮김, 아카넷, 2007, 206쪽.

8. 프리드리히 니체, 『도덕의 계보』, 박찬국 옮김, 아카넷, 2021, 84쪽.

9. 프리드리히 니체, 『비극의 탄생』, 박찬국 옮김, 아카넷, 2007, 72쪽.

10. 니체가 불교를 어떤 식으로 오해하고 있는지에 대해서 저자는 『니체와 불교』 (씨아이알, 2013)에서 상세하게 분석한 바 있다.

11. 프리드리히 니체, 『비극의 탄생』, 박찬국 옮김, 아카넷, 2007, 206쪽.

12. 같은 책, 205쪽.

13. 같은 책, 60쪽.

14. **같은 책, 215쪽.**

15. **같은 책, 33쪽.**

KI신서 11094

내 삶에 예술을 들일 때, 니체

1판 1쇄 발행 2023년 8월 16일
1판 2쇄 발행 2023년 12월 11일

지은이 박찬국
펴낸이 김영곤
펴낸곳 ㈜북이십일 21세기북스

콘텐츠개발본부이사 정지은
서가명강팀장 강지은 **서가명강팀** 박강민 서윤아
디자인 THIS-COVER
출판마케팅영업본부장 한충희
마케팅2팀 나은경 정유진 박보미 백다희 이민재
출판영업팀 최명열 김다운 김도연
e-커머스팀 장철용 권채영 전연우
제작팀 이영민 권경민

출판등록 2000년 5월 6일 제406-2003-061호
주소 (10881) 경기도 파주시 회동길 201 (문발동)
대표전화 031-955-2100 **팩스** 031-955-2151 **이메일** book21@book21.co.kr

(주)북이십일 경계를 허무는 콘텐츠 리더

21세기북스 채널에서 도서 정보와 다양한 영상자료, 이벤트를 만나세요!
페이스북 facebook.com/jiinpill21   포스트 post.naver.com/21c_editors
인스타그램 instagram.com/jiinpill21   홈페이지 www.book21.com
유튜브 youtube.com/book21pub

서울대 가지 않아도 들을 수 있는 명강의! 〈서가명강〉
유튜브, 네이버, 팟캐스트에서 '서가명강'을 검색해보세요!

ISBN 979-11-7117-049-4 04300
    978-89-509-7942-3 (세트)